Barbara Pohle, Jahrgang 1947, war viele Jahre als Fachredakteurin an der Entstehung zahlreicher Sachbücher zum Thema Werken und Handarbeiten maßgeblich beteiligt, bevor ihr erstes Buch »Das große Werk- und Bastelbuch« erschien. Ausgedehnte Reisen durch Europa und die USA, Besuche in vielen Werkstätten und Museen sowie die Teilnahme an verschiedenen Fachkursen vervollständigten ihr Wissen. Ihr ganzes Engagement gilt der Kreativität des Laien in seiner Freizeit, von der ersten Begegnung mit einem Material über das Kennenlernen der Besonderheiten und Eigenheiten einer Technik bis hin zur Verwirklichung eigener Ideen.

In gleicher Ausstattung erscheinen:

Töpfern (Band 7601)
Makramee (Band 7606)
Hinterglasmalerei (Band 7608)

April 1980
Originalausgabe

Umschlaggestaltung Grafik-Design Franz Wöllzenmüller
Satz Appl, Wemding
Druck und Bindung Ebner Ulm
Printed in Germany
ISBN 3-426-07613-6

Barbara Pohle:
Färben

Batik · Stoffdruck · Marmorieren

Unter Mitarbeit von Frank Niepel

Mit 88 Abbildungen, davon 8 in Farbe

Droemer Knaur

Inhalt

Färben

Ein Maler bedeckt oder überzieht einen Körper mit Farbe. Der Färber dagegen arbeitet mit wäßrigen Färbebädern, in die Textilien getaucht werden. Die Färbebäder ziehen in das Material ein und verbinden sich eng mit ihm. Das textile Material kann ungesponnen gefärbt werden, wie gewaschene Rohwolle, oder gesponnen in Form von Garnsträngen oder als Tuch aus verwebten Fasern.
In gewebte Stoffe können Muster gefärbt werden wie beispielsweise bei der Batik. Sie entstehen durch Abdeckung von Flächen, Reservagen genannt, die nach dem Färben wieder gelöst werden. Mit Stempeln verschiedener Materialien können Stoffe bedruckt und mit Pinseln und Stiften bemalt werden.

Geschichte

Die vorgeschichtliche Zeit

Es ist nicht belegbar, wann und wo Menschen erstmals Textilien färbten. Zeugnis der ältesten von Menschen bewußt verwendeten Farbstoffe geben die Wandmalereien der steinzeitlichen Höhlenmaler: rote und braune Farbtöne bis hin zu tiefschwarzen. Die Farben waren direkt in die Wände eingeritzt oder mit Ton als Bindemittel vermischt und aufgemalt worden. Es wird weiterhin vermutet, daß sich Menschen auch schon früh mit einem Gemisch aus Fett und Farbsubstanzen selbst bemalten. Dies geschah zum Schmuck, aus kultischen oder religiösen Gründen, aber auch zum Schutz gegen Insekten und anderes Ungeziefer.
Eine wichtige Entwicklungsstufe in der jüngeren Steinzeit bedeutete die ständige Anwendung des Feuers zum Schutz gegen die eisige Kälte. Es wurden die ersten Körbe geflochten; mit einiger Sicherheit wird angenommen, daß sich aus der Gewohnheit, geflochtene Körbe mit Lehm dichter zu machen, die Töpferei entwikkelte (siehe auch Knaur-Taschenbuch 7601 »Töpfern«). Geriet ein solcher Korb zu nah an die Feuerstelle und fing Feuer, so verbrannte das Korbgeflecht, der Lehm aber wurde gebrannt und blieb als Scherben stabiler als zuvor im Feuer zurück. Die Tongefäße machten es möglich, sowohl die Nahrungszubereitung und vieles andere wie auch die Färberei weiterzuentwickeln.
Funde in den Gebieten, wo es Pfahlbauten gab, lassen darauf schließen, daß ihre Bewohner in der Lage waren, Fischernetze zu knoten, zu flechten und zu weben. Fast in jedem Haus befand sich ein Webstuhl – die Woll- und Flachsspinnerei entstand; Gewebe ersetzten in der Kleidung allmählich die Tierfelle. Diese ersten Stoffe waren sicherlich in den Farben verwebt worden, wie das Vlies der Tiere sie lieferte: die natürliche Skala von Weiß, Grau, Braun und Schwarz. Es wurde jedoch auch roter Farbstoff aus jener Zeit gefunden, der aus Roteisenstein hergestellt worden war. Blau wurde aus einer Art schwarzem Holunder, Attich genannt,

hergestellt, Gelb aus dem Wau, einer Art Resedapflanze. Das Schwarz lieferte der Ruß an der Kochstelle.
Wie dies im einzelnen geschah, liegt im dunkeln. Man kann nur heute noch lebende Naturvölker bei ihren Färbeverfahren beobachten und Rückschlüsse auf die Färberei der Vorzeit ziehen. Mehr über diese ursprünglichen Färbetechniken, wie sie teilweise heute noch bei abgelegen lebenden Stämmen in Afrika angewendet werden, auf Seite 84. Bis vor kurzer Zeit wurden dort nur natürliche Farbstoffe verwendet, heute jedoch meist auch chemische.

Das Altertum

Wer die Färbetechniken des Altertums kennenlernen will, kann auf schriftliche Zeugnisse zurückgreifen. Der griechische Geschichtsschreiber Herodot (ca. 484–424 v. Chr.) berichtete von Völkern am Kaspischen Meer, die aus Baumblättern einen Farbensaft herstellten, mit dem sie figürliche Ornamente aufmalten, die auch nach dem Waschen noch auf den Stoffen hafteten. Goethe übersetzte 1807 die »Farbenlehren der Alten« von Aristoteles und Theophrast ins Deutsche. Aristoteles (384–322 v. Chr.) und sein Schüler Theophrast (372–287 v. Chr.) berichteten von Farben aus Wurzeln, Rinden, Hölzern, Früchten und auch aus mineralischen Stoffen, von metallischen Tinten und vom Farbstoff der Purpurschnecke, den eine phönizische Schäferin entdeckt haben soll. Ihr Hund zerbiß eine Purpurschnecke, und seine Schnauze verfärbte sich violettrot. Purpur war der berühmteste Farbstoff des Altertums, ein tiefes Violett oder Violettrot. Es ist erst Anfang des 20. Jahrhunderts gelungen, den chemischen Zusammenhang dieses Farbstoffes zu rekonstruieren: Um 1 g Purpur zu gewinnen, benötigte man im Altertum den Körpersaft von 8000 im Mittelmeer lebenden Schnecken. Es handelt sich um eine gelbe Flüssigkeit, die in langwierigen Verfahren gewonnen wird und von der chemischen Substanz her dem Indigo ähnelt. Nach dem Eintauchen weist das textile Material eine gelbliche Färbung auf, die sich durch Licht und Luft langsam ins Violettrote verändert. Sie war dadurch lichtecht und bedingt auch waschbar. Das Tragen von Purpur war ein Vorrecht der Privilegierten: Cäsar trug Purpurge-

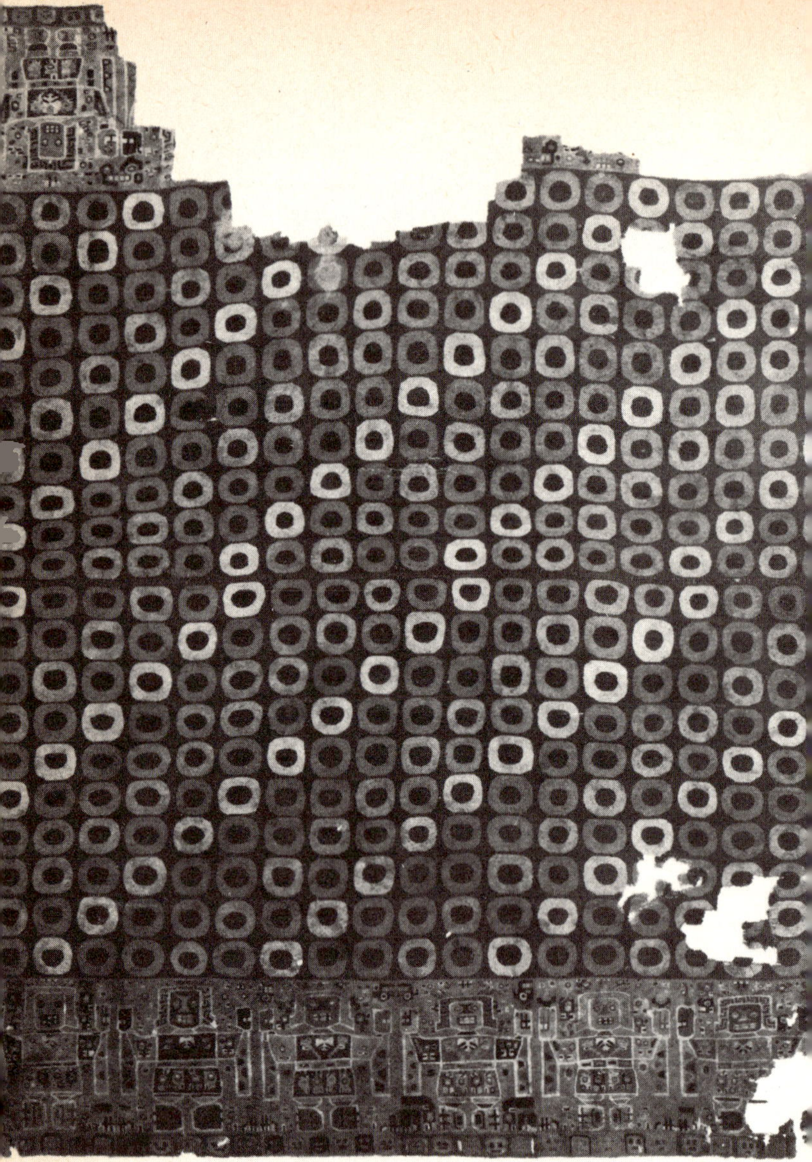

Die Abbildung zeigt ein peruanisches Gewebe. Die Garne dazu wurden mit Naturfarben eingefärbt. Es wird vermutet, daß es sich um einen Kalender handelt

wänder, die Senatoren trugen einen Purpurstreifen an der Toga. Heute ist Purpur noch die Farbe kirchlicher Würdenträger.
Es wird angenommen, daß seit dem 15. Jahrhundert v. Chr. von den Phöniziern die Schönfärbekunst betrieben wurde.
Phoinikes (griechisch) bedeutet »die aus dem Purpurland Stammenden«. Sie gründeten die Stadt Tyros, die bekannt war für ihre großen Färbereien. Auch in Tunis und Sidon wurden in Verbindung mit Webereien gefärbte Stoffe hergestellt. Tyros leistete Widerstand gegen Alexander den Großen, der die Seestadt 332 v. Chr. besiegte und eroberte. 30000 Tyrer wurden als Sklaven nach Rom und Griechenland verkauft und verbreiteten dort – teilweise als angesehene Handwerker – die Kunst des Färbens.
In Griechenland hielt man Pallas Athene für die Erfinderin der Spindel, des Webstuhls und der Nadel. Es wurde berichtet von Arachme, der Tochter des Purpurfärbers Idmon aus Kolophon. Sie war eine tüchtige Weberin, ihr Vater färbte ihr Garn und Gespinst. Stolz auf ihre Kunst, forderte sie Athene zum Wettstreit im Weben auf. Arachme stellte in ihrer Weberei Zeus als ihren irdischen Liebhaber dar. Damit ergrimmte sie Athene so sehr, daß diese sie mißhandelte und Arachme sich das Leben nahm. Athene war hierüber betrübt und verwandelte die tote Arachme in eine Spinne, die seitdem zur Symbolfigur des Spinnens und Webens geworden ist. Aber auch vom Indigo, dem klassischen blauen Farbstoff, ist in den Zeugnissen aus alter Zeit die Rede. Indigo blieb bis zur Erfindung der chemischen Farbstoffe (siehe Seite 24) der am meisten verwendete blaue Farbstoff. Heute ist natürlicher Indigo kaum noch erhältlich.

Das Römische Reich

Zu Beginn unserer Zeitrechnung beherrschte das Römische Reich die Mittelmeerländer. Färber in Gallien begannen damit, für den Handel mit dem Süden zu färben. Ihre Farbe wurde aber – entgegen römischen Erlassen – nicht aus dem Körpersaft der Purpurschnecke gewonnen. Das dunkelrote Violett entstand in einem Färbebad, das mit einem roten Pulver angesetzt wurde. Die Wurzelrinde der Färberochsenzunge enthielt einen roten Farbstoff, Alkan-

narot genannt, von großer Färbekraft, die allerdings nicht von großer Dauer war. (Wie einfallsreich die Gallier waren, wenn es darum ging, die Römer zu überlisten, und wie kundig ihre Druiden im Mixen von allerhand seltsamem Gebräu, kann man detailreich in »weiterführender Literatur« à la »Asterix« nachlesen.)
Der Römer Gajus Plinius Secundus (23–79 n. Chr.) war der Verfasser von 37 Büchern zum Thema Naturgeschichte. Er berichtete auch von der Verwendung des Purpurs und Safrans und anderer eingeführter Tinkturpflanzen: Alkanna, Färbeginster, Krapp, Waid, Galläpfel, Flechten, Granatäpfel und Akaziensamen sowie über die Verwendung von Beizen wie Eisenvitriol, Kupfervitriol und Alaun.

Das frühe Mittelalter

Am Mittel- und Niederrhein hatte sich in der Römerzeit städtisches Leben entwickelt. Es wurde in Werkstätten gearbeitet, die auch nach dem Zerfall des Römischen Reiches weiterbestanden. Innerhalb der Töpferei waren die Einflüsse aus der römischen Zeit auch während der Frankenherrschaft noch deutlich spürbar. Die Färberei spielte sich jedoch hauptsächlich innerhalb einer geschlossenen germanischen Hauswirtschaft ab. Diese war autark, d. h., unterschiedlichste Tätigkeiten wurden nur für den Eigenbedarf betrieben. Vom Mahlen des Mehls bis zur vollen Verantwortung für die Bekleidung, also Spinnen, Färben und Weben, wurden diese wichtigen Tätigkeiten von Frauen ausgeführt. In dieser frühen Zeit wurden der beschränkten Größe der Gefäße wegen nicht die Stoffe gefärbt, sondern die Garne, bevor sie verwebt wurden. Bei dem im Textilmuseum in Neumünster ausgestellten »Thorsberger Prachtmantel« konnte Kurt Schlabow Spuren von Indigo nachweisen, die verschiedene Blautöne ergaben. Die Entstehung des Mantels wird dem Jahr 400 zugeordnet. Es handelt sich um ein wichtiges Zeugnis früher Textilgeschichte: Die Ränder des Mantels sind in der Technik der Brettchenweberei entstanden, und anhand des Gewebes ließ sich rekonstruieren, wie zu jener Zeit an Gewichtswebstühlen Gewebe entstanden. Es handelte sich sicher nicht um importierten Indigo, sondern um das Indigoblau aus der Färberwaid-

Dieses phantasievoll bemalte Gewebe aus Peru stellt eine Götterfigur unter der Himmelsschlange dar. Es stammt aller Wahrscheinlichkeit nach von der Mittel- oder Nordküste Perus

pflanze. Indigo wurde aus der Indigoferapflanze (Indigofera tinctoria) gewonnen. Bis zur Erfindung der Farbchemie galt er als der wichtigste Farbstoff. Die jungen Zweige des Indigostrauches werden mit Mörsern zu einem Brei verstampft und getrocknet. Indigo ist nicht wasserlöslich, deshalb muß der Farbstoff verküpen. Der niederdeutsche Ausdruck Küpe ist mit Kübel verwandt. Dort muß der Farbstoff einige Tage gären.

Eine Weiterentwicklung der Urform der germanischen Hauswirtschaft waren die Fronhöfe, eine Art hauswirtschaftlicher Großbetriebe, in denen freie und unfreie Bauern und Handwerker nebeneinander arbeiteten und wo bereits eine gewisse Trennung der verschiedenen Aufgabenbereiche vorgenommen war. Innerhalb dieser Fronhöfe wurde auch schon zu gewerblichen Zwecken Flachs, Hanf, Krapp und Waid angepflanzt. Die Handwerker legten noch keine Prüfungen ab, waren jedoch weitaus produktiver als die autarken Bauern und Handwerker in einer Person. Auf den Höfen Karls des Großen wurden alle am Hof benötigten Stoffe von Frauen in Frauenhäusern hergestellt. Sie spannen, wuschen, färbten Wolle und Flachs und erhielten das für ihre Arbeit notwendige Arbeitsmaterial aus den königlichen Vorratskammern: Flachs, Wolle, Färberwaid, Färberröte, Wollkämme, Karden, Seife und vielerlei Gefäße. Die königliche Verordnung über Landgüter (das Capitulare) unter Karl dem Großen gibt Auskunft darüber, wie die Königshöfe für den Anbau der Färberpflanzen zu sorgen hätten. Karl der Große ließ aber auch insbesondere den wildwachsenden Waid sammeln, der erst seit dem 13. Jahrhundert auch angebaut wurde.

Von ähnlicher Struktur waren die Klöster. Sie wurden von ihren adligen Gründern mit Pfründen versehen, ihr wirtschaftlicher Aufbau, der noch lange beibehalten wurde, machte sie autark und gab ihnen die Möglichkeit, in der Abgeschiedenheit wesentliche Beiträge auf vielen kulturellen und wissenschaftlichen Gebieten zu leisten. Es entstanden dort auch die heute noch vorhandenen mittelalterlichen Handschriften zur Farbtechnologie.

Ernst Emil Ploss berichtet in seinem sehr empfehlenswerten »Buch von alten Farben« von einem berühmten Fund: Am Westufer des Oslofjords liegt das Anwesen Oseburg. Im Sommer des Jahres 1904 wurde dort ein großer Grabhügel ausgegraben, der ein ungewöhnlich reiches Schiffsgrab enthielt. Der historischen und archäologischen Forschung ist es inzwischen gelungen, in der dort fürstlich bestatteten Frau die Königin Asa, die zweite Gemahlin des Königs Gudröd, zu erkennen. Der zeitliche Ansatz weist ungefähr auf das Jahr 800. Unter den wahrhaft königlichen Beigaben fanden sich einige Dinge, die ein sehr deutliches Licht auf das Alltagsleben der Königin werfen: Reste eines Bildteppichs waren darunter, eine Garnitur von 50 Brettchen, sogenannten Webebrettchen, für die Herstellung reichornamentierter Musterbänder, schließlich auch Kessel und die Reste von einigen Färbepflanzen (Färberwaid und Krappwurzel). Handspindeln waren dabei und das Skelett einer Sklavin, die den Tod erleiden mußte, damit sie ihrer Herrin auf der weiten Reise ins Totenreich helfen konnte. Mit wenigen Zügen läßt sich ein Bild skizzieren: Die Königin hatte in ihrem Leben Handarbeiten hergestellt, die Wolle versponnen, die Garne gefärbt, zu Musterbändern und Bildteppichen verwebt. Von dem Spinnen der Wolle bis zur Bildwirkerei lag alles in einer Hand …

Viele Kleidungsstücke der Germanen waren aus naturfarbener Wolle oder aus ungebleichtem Leinen. Es gibt jedoch auch Beweise dafür, daß sie schon vor der Völkerwanderung über Kenntnisse im Färben verfügten. So berichtete Tacitus (54–117 n. Chr.) von germanischen Frauen, »die ein oft leinernes Gewand tragen, das sie mit einem Purpurstreifen verzierten«. Insgesamt bevorzugte man jedoch einfache Kleidung, während man im Orient schon seit dem 6. Jahrhundert den Zeugdruck kannte. Kein Land kann die Urheberschaft des Stoffdrucks für sich beanspruchen. Er wurde an verschiedensten Orten in der Welt verstreut unabhängig voneinander entwickelt. Sehr früh und sehr reich hat sich der Textildruck z. B. auch in einigen Gegenden Indiens entfaltet.

Das Färberhandwerk

Es gab mancherlei Gründe dafür, daß bis ins 14. Jahrhundert nur Fürsten, Adel und Patrizier farbige Kleider trugen und die dafür benötigten kostbaren Stoffe auf den schon regen Handelswegen aus oder über Italien auch in die Länder nördlich der Alpen gelangten. Von dort wiederum, wo in beträchtlichem Umfang Flachs angebaut wurde, kam kräftiges Leinen auf den gleichen Wegen als begehrte Ware nach Süden. Mit dem Wachstum der Städte und der Macht und Bedeutung ihrer Bürger wandelten sich aber auch die Ansprüche des täglichen Lebens. Es bestand zugleich ein enger Zusammenhang zwischen diesem Wachstum der Städte und der Entwicklung des Handwerks in den sich in dieser Zeit bildenden Zünften.

Das überragende Beispiel hierzu und zu unserem damit eng verbundenen Thema Färberei geben die Anfänge des Hauses Fugger. Hans Fugger war ein freier Bauer in dem winzigen Flecken Graben am Lech. Er baute Flachs an und war zugleich Weber, der seinen Flachs selbst zu Leinen verarbeitete. Sein jüngerer Sohn, auch ein Hans Fugger, erlernte die Weberei bei seinem Vater, beobachtete die Entwicklung in dem nahen und schon reichen Augsburg und ging 1367 nach Augsburg. Hans Fugger wurde Geselle des Meisters Widolff, um bei ihm die besten Leinenstoffe, später auch den feineren Barchent für Adel und Patrizier, für Bürger und Bauern mit besonderem Geschick zu weben. Er wurde bald Schwiegersohn, dann Teilhaber und schließlich Nachfolger des Meisters Widolff. Hans Fugger war noch und nur Weber, für den ein Kaufmann die Geschäfte auf Messen und Märkten betrieb. Doch schon seine Söhne waren Handwerker – Weber (außerdem auch Goldschmiede) – und Händler in einer Person. Der jüngere, später Jakob der Alte genannt, brachte aus seiner Lehrzeit in Italien auch die Kunst des Färbens mit nach Augsburg und führte diese etwa 1420 in dem nun schon beträchtlichen Unternehmen ein. Er und sein jüngster Sohn, später Jakob der Reiche genannt (1459–1525), und die weiter nachfolgenden Generationen bauten aus den schon

Modell der Stadt München, 1572 von Jakob Sandtner gebaut. Links der Färbergraben, rundherum die textilen Handwerksbetriebe

beachtlichen Anfängen mit der Weberei und der Färberei sowie des Handels mit ihren Erzeugnissen eine Wirtschafts- und Finanzmacht auf, die wie keine andere das Wirtschaftsleben Europas in der beginnenden Neuzeit und darüber hinaus bestimmte. Doch noch einmal zu den Zünften: Es waren nach strengen Prinzipien organisierte und mit der weiteren Entwicklung immer differenziertere Berufsgruppen. Das frühere Handwerken innerhalb des häuslichen Bereichs fand dadurch weitgehend sein Ende und mit ihm auch das handwerkliche Betätigungsfeld der Frauen. Die Zunftorganisation gestand nur den Männern Berufsrechte zu.
Es organisierten sich die Bäcker, Metzger, Schmiede, Schneider, Weber, Bleicher und viele andere. 1099 wurden erstmals die Weber von Mainz zünftig, die anfänglich gleichzeitig auch schon Färber waren. Im 14. Jahrhundert waren alle Handwerkszweige organisiert. In Berlin tauchten die Tuch- und Wollweber 1289 und die Tuchmacher und Färber erstmals 1326 getrennt in den Urkunden auf. Die Zeugdrucker gehörten noch zur Zunft der Färber. Die Zünfte prägten das mittelalterliche Stadtbild wesentlich. Die einzelnen Berufsgruppen waren gemeinsam in einem Straßenzug angesiedelt. Die Städte waren – zu Zwecken besserer Verteidigung – meist, wenn nicht durch natürliche Flußläufe, von einem Wassergraben umgeben. In der Nähe des fließenden Wassers siedelten sich die darauf angewiesenen Gerber, Färber und Bleicher an. Wenn die Stadtmauern zwecks Vergrößerung verlegt wurden, mußten diese Handwerker meist mit umziehen. München erhielt beispielsweise 1156 das Stadtrecht. Laut Steuerlisten lebten im Jahre 1370 dort 11 Färber, und 1443 arbeiteten etwa 20 Färber in einem gemeinsamen Manghaus.
Viele Städte haben – auf die mittelalterliche Zeit zurückgehend – eine Färbergasse. In München gibt es noch heute in der Innenstadt den »Färbergraben«. In einem 1572 angefertigten Modell der Stadt München, das man im Bayerischen Nationalmuseum besichtigen kann, sind die Häuser der Färber noch gut zu erkennen (siehe auch Foto Seite 17).
Die von den Webern und Färbern gearbeiteten Stoffe wurden von den Kaufleuten in alle Welt verkauft oder aber auf den Märkten der Städte vertrieben: Dort wurde alles gehandelt, was zum Leben notwendig war. Strenge Gesetze regelten die Märkte. Beschaumei-

ster und eine Art von Marktpolizei maßen und wogen die Waren nach und kontrollierten beispielsweise, ob die Wollweber auch wirklich kein minderwertiges Garn mitverarbeitet hatten.
Die Entdeckung Amerikas 1492 und all die späteren Entdeckungsreisen der Spanier und Portugiesen brachten im Laufe des 16. Jahrhunderts große Veränderungen mit sich. Die abendländischen Kaufleute unterstützten diese Unternehmungen, denn die Seefahrer und Eroberer brachten ganze Schiffsladungen voller Kostbarkeiten mit. Besonders begehrt waren die überseeischen Gewürze wie Pfeffer, Zimt und Nelken, nicht zuletzt der hohen Gewinne wegen, die diese Luxusgüter der damaligen Zeit mit leichtem Gewicht und schon in geringen Mengen abwarfen. Mit ihnen kamen auch neuartige Färbemittel über den Ozean. Ein Holz tauchte auf, das sich hervorragend zum Färben von Rot eignete. Das Holz hatte einen Alzaringehalt von hoher Konzentration, das die bis dahin verwendete Krappwurzel bei weitem übertraf. Die Entdecker nannten das Land Rotholzland, was auf spanisch Brasilien heißt. Von Anfang des 16. Jahrhunderts an kam auch Indigo, ein indischer Farbstoff, der blau färbte, ins Land. Er ersetzte weitgehend den erst wildwachsenden und später auch kultivierten Färberwaid. Das konnte auch eine 1577 ergangene Reichspolizeianordnung, die die Einfuhr dieser »Teufelsfarbe« verbot, nicht mehr verhindern. Sachsen verbot die Einfuhr des Indigos noch im 17. Jahrhundert bei Todesstrafe.
Aus Westindien und Brasilien kam das Gelbholz, aus Amerika das Blauholz. 1795 brachte Kapitän Nelson Cochenille aus Westindien einen roten Farbstoff, der einer mexikanischen Kaktusschildlaus entstammte. In Verbindung mit Tonerde wurde es als »Karmin« verkauft. Aus Ostindien stammte das Sandelholz.

Der Zeugdruck

Das Papier und seine Herstellung waren bei den Chinesen schon viele Jahrhunderte bekannt, bevor durch Araber die Geheimnisse der Chinesen nach Vorderasien und Nordafrika und von dort nach Spanien und Süditalien gelangten. Die ersten Papiermühlen in Europa soll es im 12. Jahrhundert gegeben haben, die ersten nördlich

Eine volkstümliche Stoffmalerei aus Österreich

der Alpen wurden Ende des 14. Jahrhunderts in Nürnberg und Ravensburg errichtet. Der Mainzer Buchdrucker Johannes Gutenberg erfand um 1445 die Verwendung der beweglichen Lettern aus Metall für den Buchdruck. Danach trat die Buchdruckerkunst ihren Siegeszug durch ganz Europa an. Mehrere große Werke über

die Kunst des Färbens erschienen: 1548 schrieb Joan Ventura Rosetti ein Buch über das Färben von Tuch, Wolle, Seide und Leinen. 1568 erschien ein Buch über alle Sparten des zukünftigen Handwerks. Die Holzschnitte fertigte der Augsburger Jost Amman; Hans Sachs schrieb Verse dazu. Danach waren Buchdrucker teilweise gleichzeitig auch Zeugdrucker, d. h. sie bedruckten auch Gewebe ein- oder mehrfarbig.
Im 17. Jahrhundert kamen die sogenannten »Indiennes« mit den zurückkehrenden Seefahrern in die Heimat. Es waren fremdartige, märchenhaft bedruckte und feingemusterte Baumwollstoffe, die durch spezielle Druckverfahren entstanden waren. Die Ostindische Handelskompanie konnte die große Nachfrage kaum befriedigen, so daß man begann, sich vermehrt dem Zeugdruck zu widmen; dies geschah anfänglich auch, um durch die billigeren Druckverfahren schöne gewebte Muster, insbesondere Gobelins, zu imitieren. Textildruck wurde auch von Klöstern ausgeübt, die Stoffe für kirchliche Zwecke anfertigten. Im Katharinenkloster von Nürnberg entstand ein »Receptbuch«, und es wird angenommen, daß dort schon vor dem 16. Jahrhundert auf Stoff gedruckt wurde. Auch die Hugenotten widmeten sich vielfach dem Zeugdruck.

Die Blaufärber

Im 17. Jahrhundert unterschied man – laut einer französischen Färbeverordnung – die Färber folgendermaßen: Schlicht-, Schwarz- oder Schlechtfärber nannte man diejenigen, die in nur einer, meist dunklen Farbe färbten, während den Schönfärbern eine große Skala von Farbtönen zur Verfügung stand. Zu den Schlichtfärbern zählte man auch die Blaufärber.
Der Vorgang des Druckens und Färbens wurde oft von einer Person ausgeführt, während die Modelmacher (so hießen die Druckstockhersteller) sich meist spezialisierten und sogar den Schreinerzünften angehörten. Der Blaudruck ist – wie auch die Batik – ein Färbeverfahren, bei dem Muster und Motive durch Reservierung entstehen. Diese werden bei der Batik mit Wachs erzielt, während beim Blaudruck (siehe Fote Seite 23) eine gummiartige Masse, Papp genannt, aufgetragen wurde. Jede Werkstatt besaß einige

hundert Model (etwa 20 auf 23 cm groß) als Druckstöcke. Diese wurden aus Birnbaumholz hergestellt, die Muster mit Schnitzwerkzeugen hineingeschnitzt. Die Rezepte zur Herstellung des Papps waren ein sorgfältig gehütetes Werkstattgeheimnis; bekannt ist, daß er eine Mischung aus Tonerde, Gummiarabikum, salpetersaurem Blei, Kupfervitriol, Grünspan und Fett enthielt.
Die Holzmodeln wurden in den Papp getaucht und fortlaufend als Muster auf den Stoff gedruckt.
War der Papp trocken, tauchte man den Stoff in eine kalte Indigolösung, Küpe genannt. Wenn man ihn herauszog, wies er eine gelbgrüne Färbung auf, die sich erst an der Luft durch Sauerstoff blau verfärbte. Nach dem Färben und Trocknen wurde der Papp in einer Schwefelsäurelösung ausgewaschen und der überflüssige Farbstoff in einem Bach herausgespült. Die Stoffe wurden dann in Mangeln geglättet und in Ballen verkauft.

Die Neuzeit

Von den Folgen des Dreißigjährigen Krieges (1618–1648) erholten sich die stark dezimierte Bevölkerung und die zerschlagene Wirtschaft nur langsam. Sämtliche kultivierten Färbepflanzen waren zerstört, es gab nur noch ganz wenige Schafe, deren Wolle zur Herstellung von Stoffen notwendig war. So begann man mit der verstärkten Einfuhr von Baumwolle, für deren grandiose Verbreitung jedoch die erst im 18. Jahrhundert erfundene Spinnereimaschine notwendig war. (Bekannt und verwendet wurde die Baumwolle schon seit mehreren Jahrhunderten. Sie war auch Bestandteil der von Hans Fugger hergestellten Barchentgewebe und wurde beim Handel mit Venedig erworben.)
Ganz erholte sich das Färbereihandwerk jedoch erst 200 Jahre nach dem Dreißigjährigen Krieg, als es gelungen war, Stoffe mit chemischen Farben zu färben. Innerhalb dieser 200 Jahre hatten sich aus den wenigen übriggebliebenen Handwerksbetrieben der Zünfte, meist Familienbetriebe, langsam Manufakturen entwikkelt. Der wachsende Konsumentenkreis erforderte die Großproduktion. Arbeiten, die bis dahin von einer Person allein ausgeführt worden waren, wurden nun auf mehrere Arbeitskräfte aufgeteilt,

Ornamentale Musteranordnungen im Blaudruckverfahren

die Spezialisierung begann. Seit 1785 wurde infolge der Erfindung der Walzendruckmaschine der Druckprozeß auf Stoffen mechanisiert. Auch in der Färberei ersetzten mehr und mehr Maschinen die menschliche Arbeitskraft.

Die chemischen Farben

Die Kenntnisse über die Wirkung der tierischen, pflanzlichen und mineralischen Farbstoffe hatten sich im Laufe der Jahrhunderte systematisch verfeinert. Im Jahre 1868 gelang es dem Chemiker Adolf von Baeyer erstmals, Indigofarbstoff synthetisch herzustellen. Hatten sich die Färber bis dahin ihre Farben aus Waidkugeln, Indigowürfeln und Krappwurzeln selbst zubereitet und mit Alaun, Urin, Schafs- und Kuhmist mehr oder weniger appetitlich vermischt, so bezog der Färber nun die Farben aus der chemischen Fabrik. Kurz vor der Jahrhundertwende fabrizierte als erste die Badische Anilin- und Soda-Fabrik in Ludwigshafen künstliche Indigofarbstoffe. Die Farbskala dieser künstlichen Farben ist unbegrenzt und auch ihre Farbechtheit nach Belieben variierbar – eine Perfektheit, die heute wieder eine große Sehnsucht nach den alten Farben unserer Vorfahren weckt.
Von der Mitte des 19. Jahrhunderts an gewann man die Rohstoffe, aus denen die Farbstoffe hergestellt wurden, aus Steinkohleteer. Später reichten die bei der Stahlerzeugung anfallenden Mengen an Steinkohleteer nicht mehr aus, um genügend Farbstoffe daraus herzustellen. Einen mehr als gleichwertigen und damals noch in reichlichen Mengen verfügbaren Ersatz fand man im Erdöl.
Erdöl ist – wie auch der Steinkohleteer – ein ungewöhnlich vielfältiges und reichhaltiges Gemisch von chemischen Substanzen, die sich mehr oder weniger ähnlich sind. Mit einem physikalischen Verfahren, das man fraktionierte Destillation nennt, läßt sich das Erdöl wenn nicht gleich in seine Einzelsubstanzen, so doch in mehrere Substanzengruppen, die man Fraktionen nennt, auftrennen. So entstehen Benzin, Dieselöl, Mineralöl und vieles andere mehr. Aus einer oder mehreren solcher Fraktionen, deren Bestandteile jetzt recht ähnlich sind, gewinnt man durch wiederholte fraktionierte Destillation die Ausgangssubstanzen für Farbstoffe.

Welche Textilien eignen sich zum Färben?

Hier ein kurzer Überblick über diejenigen Materialien, die sich zum Färben mit natürlichen und synthetischen Farbstoffen – sowohl für einfarbige Färbungen als auch für Muster – eignen. Die textilen Materialien können in unterschiedlichem Zustand, also mehr oder weniger bearbeitet, gefärbt werden. Aller Anfang ist das Färben der Fasern, des ungesponnenen Materials, die nächste Stufe das Färben des gesponnenen Garnes, die letzte Stufe das Färben des fertigen Gewebes am Stück.

Das Färben von ungesponnener Schafwolle

Ungesponnene Fasern zu färben heißt, ein Material im Urzustand zu bearbeiten. So ist es ein interessanter Vorgang, Wolle vom Schaf zu färben, zu spinnen und zu verweben – ein Prozeß, den vor allem Kinder miterleben sollten. Mit Kindern kann man auch aus gefärbter, ungesponnener Wolle Bilder auf Filz entstehen lassen.
Meistens wird ungesponnene Wolle mit Naturfarben eingefärbt, um sie dann selbst zu spinnen und zum künstlerischen Weben zu verwenden. Ungesponnene Wolle besorgt man sich selbst beim Schafzüchter oder Schäfer, man kann sie sich aber auch bei den im Anhang aufgeführten Bezugsquellen bestellen. Je länger die Haare eines Schafes sind, desto besser ist die Wollqualität. Die beste Wolle ist die Schurwolle lebender Schafe, die Wolle am Rücken hat die längsten Haare. Beim Kauf sollte auch darauf geachtet werden, daß die Wolle nicht vom Schweiß des Schafes zu sehr verfilzt wurde, sie eignet sich nur zur maschinellen Bearbeitung.

Das Waschen der ungesponnenen Schafwolle

Die Wolle sollte, bevor sie dem Beizen, Kochen und Färben ausgesetzt wird, gründlich, aber sanft gewaschen werden. Dabei ist die

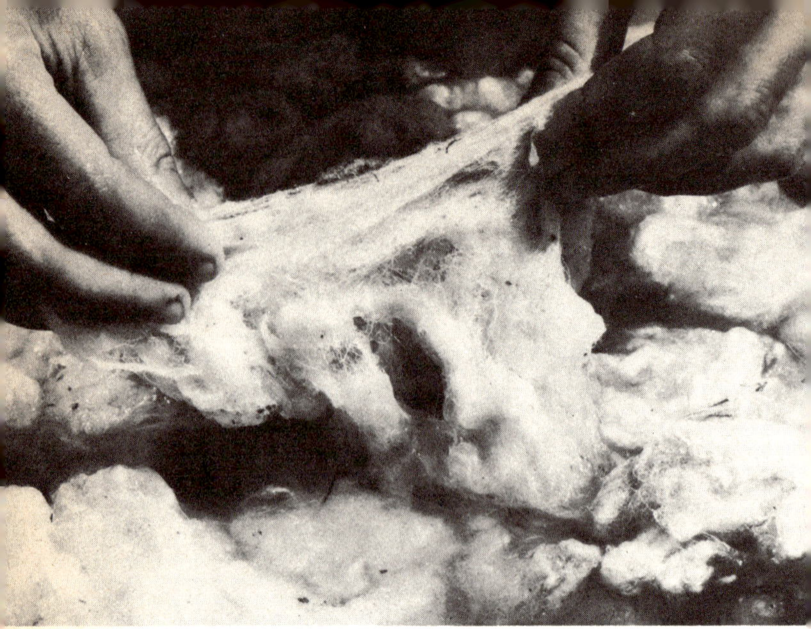

Färbt man Naturwolle so, wie sie vom Schaf kommt, muß sie zuvor mehrmals sorgfältig gewaschen werden. Die einzelnen Fasern werden sanft auseinandergezogen. Geht man mit der Wolle unsanft um, verfilzt sie und wird hart

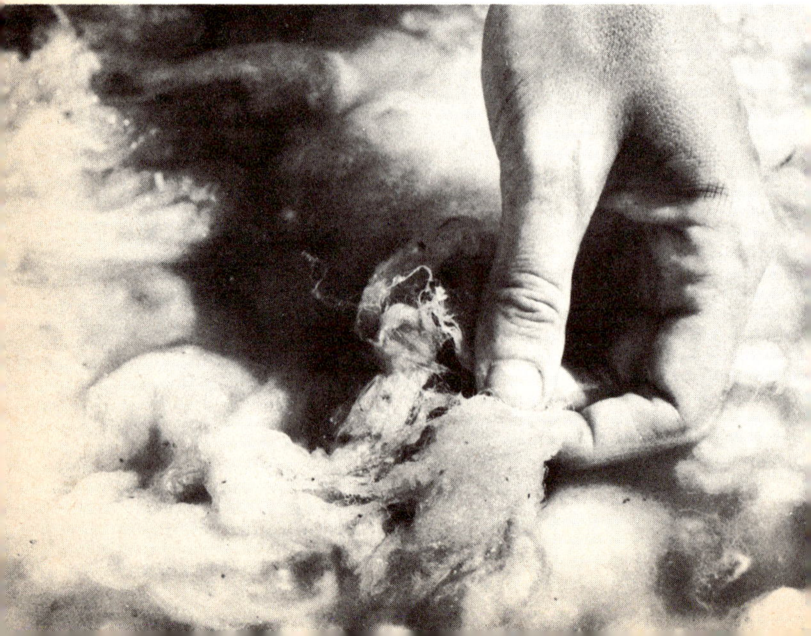

Bevor die Wolle gesponnen werden kann, wird sie gekardet. Das Karden bewirkt, daß die Fasern parallel liegen. Die Rohwolle wird in Strähnen auf eine der Karden gelegt, mit der zweiten nimmt man die Wolle ab

Beschaffenheit des Wassers von großer Bedeutung. Das Wasser aus der Leitung ist Grund- und Leitungswasser, es enthält Kalk, Magnesiumoxyd und Eisen. Dieses Wasser bezeichnet man als hart, und die Mineralien schaden der Wolle. Erhitzt man hartes Wasser unter Zusatz von Soda, dann werden zwar Kalk und andere Beimengungen abgesondert, Soda selbst schädigt aber die Wollfaser ebenfalls, da es sie ihrer natürlichen Fettstoffe beraubt. Spezialwaschmittel für Wolle enthalten deshalb kein Soda, machen das Wasser aber trotzdem weicher.

Regenwasser und Schneewasser sind weiche Wasser, die zum Waschen und Färben von Wolle am besten geeignet sind. Wer auf dem Lande lebt, kann sich Regenwasser sammeln und dafür am besten von der Regenrinne bzw. dem Regenrohr einen Abfluß in einen Bottich schaffen. Wer mit weichem Wasser wäscht oder färbt, kann das überhaupt schonendste Waschmittel verwenden: die Kernseife.

Man sollte jedoch nie Leitungswasser und Kernseife zusammen anwenden; denn 1 m^3 10 Grad harten Wassers vernichten die Wirkung von 1,5 kg Kernseife. Die Seife schäumt dann schlecht und bildet die sogenannte »Kalkschmiere«, es entstehen Kalkflecken auf der Wolle.
Die ungesponnene Schafwolle wird vor dem Waschen in lauwarmem Wasser eingeweicht, stark verschmutzte Wolle zweimal nacheinander. Die Wollflocken dürfen niemals gerieben, geknetet oder gar ausgewrungen werden. Man sollte sie nur ausdrücken oder schwenken. Behandelt man die Wolle nicht schonend genug, verfilzt sie (mehr dazu auf Seite 30). Große Verschmutzungen, die sich nicht auflösen, Kletten und andere Teilchen, die sich in der Wolle festhaken, müssen ausgesondert werden, kleinere lose Teilchen lassen sich nach dem Trocknen herausschütteln.
Nach dem Einweichen der Wolle folgt ein Bad in warmem Wasser unter Zusatz des Waschmittels, danach zwei bis drei Spülbäder. Die Wolle sollte dann rasch getrocknet werden. Dazu kann man sie auf einem großen Tuch, beispielsweise einem Frotteehandtuch, im Freien ausbreiten. Am besten eignen sich dafür Stellen im Halbschatten, unter einem Baum oder einer Laube vielleicht ...
Um den Trocknungsprozeß zu beschleunigen, kann die ungesponnene Wolle auch in der Wäscheschleuder einer Waschmaschine trockengeschleudert werden. Es empfiehlt sich, die Wolle dazu in ein Tuch einzubinden und dann erst in die Schleuder zu geben. Dies ist unerläßlich, wenn man nur kleine Mengen schleudert. Ungesponnene Wolle wird aufbewahrt in Stoffsäcken, an die man ein Band zum Zubinden annäht.

Das Färben von gesponnenen Fasern

Gesponnene Fasern kann man sich als Strick-, Web- oder Teppichwolle in Handarbeitsgeschäften oder bei den im Anhang aufgeführten Bezugsquellen bestellen. Sie sind erhältlich in Form von Knäueln, Spulen oder als Docken. Es eignet sich reinweiße oder aber naturfarbene Wolle, Seide, Baumwolle oder Jute. Am besten verwendet man reine Naturmaterialien. Zwar können kleine Anteile von Kunstfasern wie Viskose, Kupferreyon oder Zellwolle

Ob man mit dem Spinnkreisel oder mit dem Spinnrad spinnt, der Vorgang ist der gleiche: Aus einem Dreieck heraus verläuft die Wolle in die Drehung

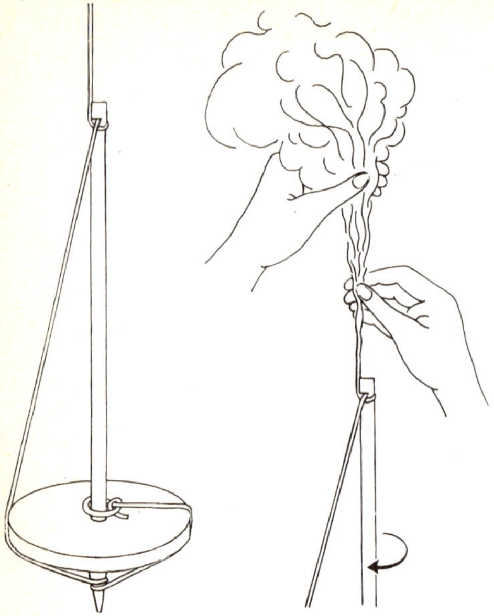

Das Spinnen mit dem Spinnkreisel ist eine gute Vorübung für das Spinnen auf dem Spinnrad. Die Zeichnung ganz links zeigt, wie eine dünne Schnur am Spinnkreisel befestigt wird; die Zeichnung daneben, wie man die Rohwolle aus der Flocke zieht und das Ende an die Schnur legt

enthalten sein, Polyester oder Acryl aber können nur mit ganz wenigen Farbpulvern gefärbt werden. Welche Farbpulver auch Kunstfasern färben, steht auf Seite 73.

Wolle kann sehr heiß eingefärbt werden, wobei die Erwärmung aber nicht schockartig erfolgen darf. Die Wolle verfilzt sonst, d. h. die einzelnen Wollhaare verhängen sich ineinander, die Wolle wird dicker, läuft ein, wird kürzer und insgesamt härter.

Baumwolle wird ebenfalls heiß gefärbt, ohne daß sie sich dabei verfilzen könnte. Merzerisierte Baumwollgarne sind veredelte Garne, bei denen in einem starken Natronlaugebad bei gleichzeitiger starker Spannung die Haut der Baumwolle entfernt wird und die ursprünglich korkenzieherartige Form verlorengeht. Das Garn bekommt eine gerade und runde Form, ein seidenartiger Glanz entsteht.

Jute ist ein struppiges Material, das oft für Makrameearbeiten verwendet wird. Will man reine Farbtöne erreichen, muß man es vor dem Färben mit Wasserstoffsuperoxyd bleichen, andernfalls erhält man lauter gedämpfte, erdige Farbtöne.

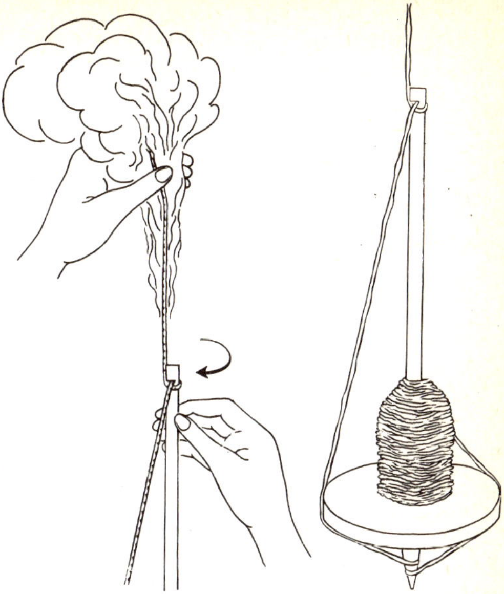

Man bringt den Spinnkreisel zum Drehen, die Rohwolle verbindet sich von selbst mit der Schnur. Die Zeichnung ganz rechts zeigt, wie die handgesponnene Wolle auf den Spinnkreisel aufgewickelt wird. Zum Aufwickeln muß der Spinnvorgang unterbrochen werden

Seide ist ein sehr kostbares Material, das man nur in wenigen Geschäften als Garn kaufen kann. Wer Seide färbt, muß beachten, daß Seide nur bei niedriger Temperatur gefärbt werden darf.

Die Vorbereitung

Wolle und Garne auf Knäueln oder Spulen müssen zu Strängen abgewickelt werden. Man wickelt dazu das Garn zwischen Hand und Ellenbogen. Es ist zweckmäßig, lauter gleich schwere Stränge mit 15 oder 30 g abzuwickeln, je nachdem, wie schwer die gesamte Menge ist, die man färben will. Dabei ermittelt man beim ersten Strang das Gewicht und zählt ab, wie oft man gewickelt hat. Diese Stränge mit gleichem Gewicht werden in der Färberei als Lagen bezeichnet. Sind die Lagen gewickelt, so werden Anfang und Ende des Fadens verknotet und die Lage mehrmals mit einem Baumwollfaden lose zusammengebunden. Man verwendet dazu die in der Zeichnung auf Seite 33 abgebildete Achterschlinge.

Auch die gesponnenen Garne sollten, bevor sie gefärbt werden, mit einem Feinwaschmittel, wie auf Seite 27 beschrieben, gewaschen werden.

Das Färben von Geweben

Wer größere Stoffstücke färbt, wird dazu sicherlich synthetische Farbstoffe verwenden. Sie mit Farben aus der Natur zu färben, wäre zu aufwendig. Dagegen kann man kleinere Stoffstücke, seidene Schals beispielsweise, mit natürlichen Farbstoffen färben. Dazu sollten auch die Stoffe nach den auf den Seiten 45 bis 53 geschilderten Methoden gebeizt werden.

Dicke *Wollstoffe* nehmen nur sehr schwer Farbe an. Sehr geeignet sind dagegen feine Wollstoffe wie z. B. Wollmusselin. Wolle wird deshalb vorwiegend als Garn oder sogar ungesponnen eingefärbt.

Baumwollstoffe: Ein sehr beliebter Stoff zum Färben ist Nessel, ein rohes, naturfarbenes, billiges Baumwolltuch, das es in unterschiedlicher Dichte zu kaufen gibt. Batiste aus Baumwolle gibt es in den verschiedensten Qualitätsstufen, sie sind sehr feinfädig, reinweiß gebleicht und appretiert. Meist verwendet man Seidenbatist, ebenfalls ein Baumwollbatist aus merzerisierter Baumwolle mit seidenartigem Glanz. Voile ist ein zarter, durchsichtiger Schleierstoff, der Muster gut zur Geltung kommen läßt. Zum Färben eignen sich auch alle baumwollenen Trikotstoffe, wie sie bei Unterwäsche oder T-Shirts Verwendung finden. Auch leinenartige Baumwollstoffe wie Bettwäsche können gefärbt werden, ebenso die dickeren Qualitäten wie Molton oder Bibergewebe.

Seidenstoffe gibt es in unterschiedlichen Qualitäten. Je glatter die Oberfläche ist, desto besser kommen Muster zur Geltung, weshalb Seide hauptsächlich für Batik verwendet wird.

Die Vorbereitung

Vor dem Färben müssen die Stoffe gekocht werden, um sie von ihrer Appretur zu befreien. Man besorgt sich dazu Natriumkarbo-

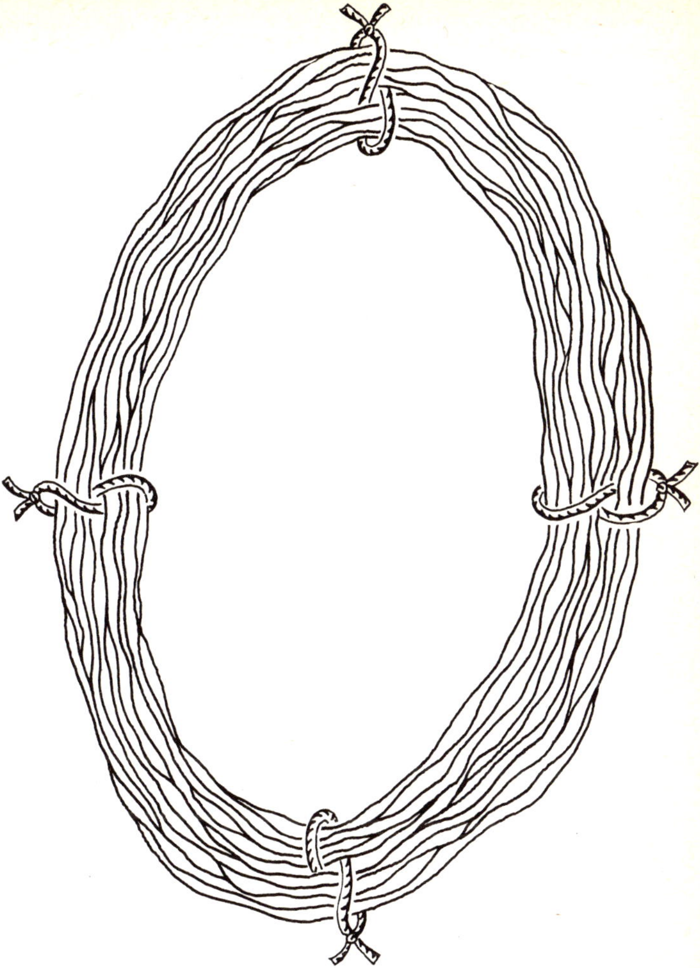

Achterschlingen verhindern, daß die Wolle in Unordnung gerät

nat aus der Apotheke oder Drogerie und gibt es wie ein Waschmittel zu. Die Stoffe werden auch sonst wie Kochwäsche behandelt. Wichtig ist es, vor dem Färben zu ermitteln, um welche Stoffqualität es sich handelt. Dazu zieht man parallel zum Gewebeende einen Faden und brennt ihn an.

Wolle ist ein tierischer Hornstoff, sie verbrennt langsam ohne helle Flamme, verlöscht ihres Stickstoffgehaltes wegen leicht; es verbleibt ein dunkles glasiges Gebilde. Verbrannte Wolle riecht nach verbranntem Haar oder Horn.
Baumwolle: Baumwollfasern brennen als Zellulose rasch mit leuchtender Flamme, es bleibt ein dünner Aschefaden. Der Geruch ist – wie bei Leinen – ähnlich dem von verbranntem Papier.
Seide brennt bei dunkler Flamme, es bildet sich eine blasige Asche, der Geruch ist schwächer als der verbrannter Wolle.
Kunstfasern verbrennen langsam, es verbleiben blasige Aschekügelchen, dabei entsteht, der Gase wegen, ein stechender Geruch.

Das Färben mit natürlichen Farbstoffen

Zu den natürlichen Farbstoffen gehören die Farben von Tieren und Pflanzen sowie Farben, die aus der Erde gewonnen werden – tierische, pflanzliche und mineralische Farbstoffe. Damit zu färben, ist die Sehnsucht vieler, vor allem dann, wenn sie begonnen haben, selbst Wolle zu spinnen oder zu weben oder innerhalb anderer kunsthandwerklicher Fertigkeiten tätig zu sein. Dies war auch lange mein Traum. Bis ich ihn realisieren konnte, war ein langer Weg, und ich will hier von meinem Standpunkt aus den Sinn und die Möglichkeiten des Färbens mit natürlichen Farben darstellen.

Der Wunsch, mit Farbkörpern aus der Natur zu färben, hängt eng mit dem Traum vom Leben auf dem Lande zusammen, den viele Städter in sich hegen – die Sehnsucht nach mehr Beziehung zur Natur, zu den Jahreszeiten, zu Wind, Wetter, Sturm und Regen. Das Färben mit natürlichen Farbstoffen kann diese Beziehungslosigkeit allerdings kaum ersetzen. Wichtiger ist es, damit zu beginnen, die Natur um sich herum mehr zu schätzen, sich etwas von dem Wissen anzueignen, was für den von der Natur weitgehend abhängigen Menschen früherer Zeiten selbstverständlich war. Dies ist nicht einfach, wenn man umgeben ist von Stadtautobahnen, Supermärkten, Eingeschweißtem, Abgepacktem, Pulverisiertem. Doch vielleicht ist es möglich, durch bewußteres Leben etwas Natur für sich zurückzugewinnen. Dazu ist das Färben mit natürlichen Farbstoffen eine Möglichkeit unter vielen.

Mit natürlichen Farbstoffen zu färben, gilt allgemein als umweltfreundlich. Dies trifft sicher zu, wenn es um eher spielerische Experimente geht. Dann kann man Wolle mit Beeren, Blättern oder Blüten färben, weil Licht- und Waschbeständigkeit nicht so wichtig sind. Emil Ernst Ploss schreibt in seinem sehr empfehlenswerten Buch von alten Farben: »Wachsen und Blühen sind verwandt mit dem Vorgang des Färbens.« Es ist von großem pädagogischen oder therapeutischen Wert, Farbstoffe in der Natur in kleinen Mengen zu sammeln und bei dem textilen Material einen Färbeprozeß in

Gang zu bringen, der an die Verfärbung von Pflanzen und Tieren innerhalb der Jahreszeiten erinnert. Im Mittelalter war häufig von der Färbekraft der Pflanzen die Rede, die sogar zu vergleichen sei mit der Heilkraft vieler Kräuter!
Wer jedoch größere Mengen textilen Materials färbt und dabei Licht- und Waschechtheit erreichen will, der muß auf die – seit dem Altertum bekannten – Beizen zurückgreifen: Alaun, Weinstein, Chromkali, Kupfervitriol, Zinnsalz und Eisensulfat. Das sind Chemikalien, deren Handhabung strenger Vorsichtsmaßnahmen bedarf und die teilweise giftig sind. Ganz zu schweigen natürlich von begeisterten Färbern, die etwa Birken entlauben oder die Rinde eines laut Rezept »voll im Saft stehenden Apfelbaumes« abschälen, um ein schönes Gelb zu erzielen. Das sind Sünden gegen die Natur, vor denen streng gewarnt werden muß!
Nun aber endlich trotz aller Vorbehalte der Reiz des Färbens: Wer mit Textilien arbeitet, die mit natürlichen Farben gefärbt sind, erlebt eine Harmonie der Farbtöne. Die chemischen Farben ergeben eine nie endende Farbskala, und aus ihnen die natürlichen Farbtöne auszuwählen, das ist ein mühsames Unterfangen. Die Skala der Farben aus der Natur ist viel kleiner als die der Industrie. Es entstehen mit Naturfarben zwar nie grelle Mißtöne; man erreicht damit aber auch manchen reinen Farbton nicht.
Im Anhang dieses Buches findet man Bezugsquellen für Färbedrogen; Rezepte und Anleitungen dafür auf den folgenden Seiten.

Die Farbskala

Wer mit Naturfarben färbt, muß wissen, daß er eine reiche Skala von Gelb-, Orange- und Rottönen zur Verfügung hat. Grundtöne sind nur mit Hilfe chemischer Zusätze zu erreichen, da das Grün, das in der Natur aus Chlorophyll gewonnen wird, den Kochprozeß nicht aushält.
Wer mit Naturfarben färbt, muß erst einmal Erfahrungen sammeln. Es gibt zwar altbewährte Rezepte für Mengenverhältnisse und Dauer der Farbbäder; das Färben mit natürlichen Färbemitteln bleibt aber ein kleines Abenteuer, wodurch es andererseits gerade so reizvoll wird. Da die Naturfarben sehr kostbar sind, ist

Die Materialien für das Färben mit Naturfarben müssen sorgfältig getrennt von Nahrungsmitteln aufbewahrt und gut beschriftet werden

zu empfehlen, sich zu Anfang eine Farbskala kleiner Muster einzufärben. Deshalb sei hier der Färbeprozeß am Beispiel kleiner Mengen ungesponnener Rohwolle beschrieben. Mit den kleinen Proben kann man die ersten Erfahrungen sammeln, kleine Unregelmäßigkeiten können beim Karden und Spinnen (siehe Seite 27) ausgeglichen werden. Hat man etwas mehr Übung und Erfahrung gewonnen, dann kann man andere Textilien und auch größere Stücke färben.

Die Vorbereitungen

Das Färben mit natürlichen Farbstoffen muß mit großer Sorgfalt geschehen. Manches erinnert ans Einkochen: Erfahrene wissen, wann welche Frucht geliert, Unerfahrene müssen nachlesen, ausprobieren, durch Mißerfolge lernen. Der Färber braucht viel Zeit und Geduld, denn Färben ist ein ungeeignetes Handwerk für Eilige und Ungeduldige, die schnell einen Erfolg sehen wollen. Der Färbeprozeß erstreckt sich oft über Tage, manchmal sogar Wochen, und es bedarf einiger Vorbereitungen und Planung und Vorüberlegung dazu.

Dieses Buch ist für diejenigen gedacht, die mit dem Färben beginnen, die sich also noch keine großen Vorräte an gesammelten Färbematerialien zugelegt haben. Die ersten Färbeversuche kann man mit gesammelten und getrockneten Brombeerblättern oder Kamille aus dem Kräuterladen machen. Beide Pflanzen ergeben matte Gelbtöne. Mit Henna aus der Drogerie kann man helle Orangetöne färben, mit Walnußblättern aus dem Kräuterladen schöne gelbgrüne Farbtöne. Dazu kauft man sich zum Vorbeizen der Wolle 50 g Alaun und 50 g Weinstein.

Wem die ersten Färbeversuche Spaß gemacht haben, der wird bald nach Quellen für eine reichhaltigere Farbskala suchen. Gute rotbraune Farbtöne bringen Zwiebelschalen. Man sollte also beginnen, gelbe Zwiebelschalen zu sammeln. Für 30 g Wolle braucht man 30 g Zwiebelschalen. Das ist sehr viel; in einem Drei-Personen-Haushalt sammelt man dafür schon gut zwei Monate, je nachdem, wie viele Zwiebeln man zum Kochen verwendet. Zwiebelschalen kann man manchmal auch auf Wochenmärkten sammeln, wo große Mengen von Zwiebeln angeboten werden. Sie können in einem Stoffsack in der Küche gesammelt werden.

Wer in größerem Umfang färben und nicht warten will, bis die im Garten wachsenden Pflanzen groß genug sind, oder nicht warten will, bis die Zeit zum Sammeln gekommen ist, der bestellt sich die notwendigen Färbedrogen bei den im Anhang dieses Buches aufgeführten Spezialdrogerien. Hier Vorschläge für die Mengen der einzelnen Farbstoffe. Leider können im Rahmen dieses Buches keine Preisangaben gemacht werden, da Färbedrogen nach Tagespreisen gehandelt werden, die sich schnell ändern.

Wenn man von 7 kg Wolle kleine Farbproben machen will, so kann man sie sich in folgenden Mengen beschaffen:

200 g Blutwurz
500 g Brasilholz
200 g Cascarillerinde
500 g Curcuma

Blätter wurden mit Stoffmalfarbe bestrichen und auf Stoff gedruckt

Dieselben Blätter wie auf Seite 39 hier in anderer Anordnung

400 g Färberdistel
200 g Faulbeerbaumrinde
500 g Kamille
400 g Henna
100 g Cochenillen
300 g Krapp
200 g Labkraut
200 g Orleansamen
200 g Sandelholz
200 g Schwarzwurzelblätter
500 g Walnußschalen
500 g Walnußblätter
Zu dieser Menge Färbemittel benötigt man ungefähr folgende Mengen an Beizmitteln:
1 kg Alaun
450 g Weinstein
200 g Kaliumchromat
100 g Eisensulfat
100 g Kupfersulfat
50 g doppelsaures Natron
50 g Zinnsalz
Zum Spülen der Wolle braucht man ein Wollwaschmittel und weißen Essig. Ein Schuß Essig wird jeweils dem letzten Spülbad zugegeben – ein altes Hausmittel zur Stabilisierung der Farben.

Die Aufbewahrung

Wichtig ist, daß keine Färbedrogen oder -beizen in der Nähe von Nahrungsmitteln aufbewahrt werden. Kupfersulfat, Zinnchlorid und Kaliumchromat sind sehr giftig. Sie sollten deshalb von Nahrungsmitteln völlig getrennt, gut verschlossen und für Kinder unauffindbar aufbewahrt werden. Natürliche Farbstoffe aus Pflanzen, Blättern und Blüten werden am besten in Stoffsäcken oder Papiertüten in einem trockenen Raum aufbewahrt. Auch hierbei gibt es einige giftige, die getrennt von Nahrungsmitteln und sicher vor Kindern aufbewahrt werden müssen. Wer Farbstoffe in Einmachgläsern mit Metallverschluß (Foto Seite 37) aufbewahrt,

sollte von Zeit zu Zeit prüfen, ob sie schimmeln, und sie dann ins Freie legen. Bei Walnußschalen kommt das leicht vor.
Alle Färbedrogen und -beizen müssen zur Unterscheidung gut sicht- und lesbar beschriftet sein.

Die Einrichtung der Färbeküche

Vorausgesetzt, die Färbemittel werden außerhalb der Küche aufbewahrt, kann man die ersten Färbeversuche durchaus in einer Küche durchführen. Dies vor allem dann, wenn man mit ungiftiger Kamille, Zwiebelschalen, Walnußblättern und Alaun arbeitet. In dem Augenblick, wo man anfängt, mit giftigen Zusätzen zu arbeiten, muß man sich von den Kochgeräten trennen und einige Kochtöpfe speziell für das Färben anschaffen. Alte, ausrangierte Kochtöpfe kann man nur dann übernehmen, wenn sie noch eine unbeschädigte Emaillebeschichtung haben. Die Größe der Töpfe richtet sich nach der Menge des zu färbenden Materials, nach Möglichkeit sollte jeder Topf einen Deckel haben, da dann die Flüssigkeit nicht so schnell verdunstet.
Zum vorsichtigen Bewegen der Wolle in Färbe- und Beizbädern kann ein alter Kochlöffel aus Holz oder Kunststoff verwendet werden, aber auch er darf nicht mehr beim Kochen von Nahrungsmitteln verwendet werden.
Für das Herausnehmen der Wolle und zum Auspressen von Färbe- und Beizmitteln sind zur Schonung der Hände Gummihandschuhe zu empfehlen.
Zum Einweichen der Färbedrogen sollten je nach Menge der vorhandenen Färbemittel große Einmachgläser greifbar sein. Man kann auch andere Gefäße aus Glas oder Kunststoff verwenden; Einmachgläser haben sich jedoch sehr gut bewährt.
Zum Abwiegen der Färbemittel braucht man eine Küchenwaage, möglichst mit 1-g-Einteilungen, und ein Maß für 1 l Flüssigkeit, dazu noch mehrere Eimer, um die gefärbte Wolle zu spülen. Man kann aber auch im Handwaschbecken spülen, sofern nicht giftige Substanzen verwendet werden.

Ein Textildruck von Elisabeth Krauss, München

Wer viel färbt, sollte sich überlegen, ob er sich nicht auch räumlich von der Küche trennen kann. Wahrscheinlich muß jeder die Erfahrung selber machen, daß Hausgenossen die Nase rümpfen – ob der Chemikalien, die da über lange Zeit hinweg auf dem Herd kochen und gären, oder sich beschweren, daß der häusliche Herd immer mehr blockiert ist von Färbebädern.

Dann ist der Augenblick gekommen, wo man sich nach einer geeigneten, ungestörten Färbeküche umsehen sollte. Dort kann man sich Gaskocher auf den Boden stellen, was für große Farbtöpfe wesentlich geeigneter ist, da man den Färbeprozeß von oben beobachten kann. Man kann auch Campingkocher verwenden, die sehr gut zum Färben geeignet sind, da man ihre Flammen extrem niedrig einstellen kann.

Der Arbeitsablauf

Aller Anfang der Färberei ist die schonende Wäsche der Schafwolle, wie auf Seite 25 beschrieben. Es empfiehlt sich, dann auch davon zunächst nur kleine Proben zu färben. 30 g Wolle ist eine gute Menge, da man dafür genau 1 l Flüssigkeit braucht. Wenn Farbtöne entstanden sind, die einem gut gefallen, kann man, wenn man über seine Arbeit exakt Buch geführt hat, mehr Wolle in diesen Farbtönen einfärben. Einen Tag bevor die Färberei beginnt, bereitet man schon die Beizbäder vor. Den größten Vorrat sollte man sich an mit Alaun und Weinstein gebeizter Wolle zulegen. Am Anfang vielleicht 1 kg alaun- und 1 kg weinsteingebeizte Wolle, 500 g mit Kaliumchromat gebeizte und 300 g mit Kupfervitriol gebeizte Wolle.

Am Vorabend des Färbetages sollten dann die Einweichbäder derjenigen Färbemittel angesetzt werden, die 12 Stunden eingeweicht werden müssen. Gut ist es, wenn der Färbetag schon länger vorausgeplant wurde, so daß man bereits 6 Tage zuvor Brasilholz und 4 Tage zuvor Sandelholz eingeweicht hat, so daß an einem Färbetag oder Färbewochenende gleich mehrere Farben gefärbt werden können.

Die Färbekartei

Jeder Topf, der Färbemittel enthält, muß sofort beschriftet werden. Es darf nichts herumstehen, von dem man nicht weiß, welchen Inhalts es ist. So hängt man beispielsweise an ein Säckchen eingeweichtes Brasilholz einen Zettel, wann es ins Einweichwasser kam, wann es gefärbt werden kann, wieviel Gramm eingeweicht und wieviel Wasser dazu benutzt wurde. Das Datum, wann das Säckchen aus dem Einweichwasser genommen werden kann, trägt man sich in einen Terminkalender ein.
Bewahrt man nach dem ersten Färbebad die Flüssigkeit für eine Nachfärbung auf, so füllt man sie in Flaschen ab, die man ebenfalls sorgfältig beschriftet. Man kann dazu den Zettel vom Einweichen wieder benutzen – ergänzt ihn um die Angaben, wieviel Wolle mit welchen Beizen und Zusätzen wie lange gefärbt worden ist.
Von jeder der gefärbten Wollsorten sollte ein Faden gelöst werden, der an einer Karteikarte befestigt wird (Löcher kann man mit dem Bürolocher stanzen). Auf der Karteikarte wird eingetragen, wie der Farbton entstand. Dies kann in etwa so aussehen:

Farbstoff:	*Brasilholz*
Tinktur:	6 Tage eingeweicht, im Stoffsäckchen 1 Stunde ausgekocht
Wolle:	30 g von Antonio C'an Geroni
Vorbeize:	15% Alaun 6% Weinstein
Zusätze zum Färbebad: –	
Färbebad:	1 Stunde ziehen lassen

Die Beizen

Nur sehr wenige Farbstoffe können direkt färben, d. h. das textile Material kann ohne Vorbehandlung ins Färbebad gegeben werden. Plinius der Ältere (23–79 n. Chr.) berichtete von nach Rom eingeführten Tinkturpflanzen und Beizmitteln wie Alaun, Eisen- und Kupfervitriol. Im Mittelalter waren Beizen wie Alaun, Kalk, Asche und Zinnsalze wohlbekannt, man behandelte die Textilien aber auch mit verfaultem Urin und Mist.

Es ist schon etwas fragwürdig, wenn man auf der einen Seite sehr aufwendig mit natürlichen Farbstoffen färbt, auf der anderen Seite aber Zusätze verwendet, die bei falscher Handhabung gesundheitsschädlich sind. Sie sollten möglichst selten verwendet werden, werden aber hier der Vollständigkeit halber mitbehandelt. Sie nicht zu verwenden, heißt eben auch, auf reizvolle Grün- und Brauntöne zu verzichten.

Alaun

Alaun ist eine Art Pottasche, ein Doppelsalz, das aus schwefelsaurem Kali und schwefelsaurer Tonerde besteht. Die chemische Bezeichnung ist: Kaliumaluminiumsulfat $KAl(SO_4)_2$. In der Antike wurden Alaunschieferlager in Vulkangebieten Mittelitaliens abgebaut, seit dem 13. Jahrhundert wurden in den Büchern der Stadt Neapel Alaunsiedereien namentlich erwähnt. Seit dem 16. Jahrhundert gab es auch in England und Sachsen Alaunabbau.
Heute kauft man Alaun in Drogerien, Bezugsquellen findet man auch im Anhang dieses Buches.
Um zu verhindern, daß Alaun die Wolle klebrig macht, wird der Beize Weinstein beigegeben.

Weinstein

Die chemische Bezeichnung für Weinstein ist: Kalium Bitararicum $KCO_2(DHOH)_2CO_2H$. Weinstein setzt sich während der Weingärung ab und wurde früher auch beim Backen verwendet.

Die Alaun-Weinstein-Beize
Die Mengenverhältnisse setzen sich folgendermaßen zusammen:
100 g gewaschene, trockene Rohwolle
15 g Alaun
6 g Weinstein
4 l Wasser
Alaun und Weinstein werden, den oben angegebenen Mengenverhältnissen entsprechend, in einer Tasse heißem Wasser aufgelöst

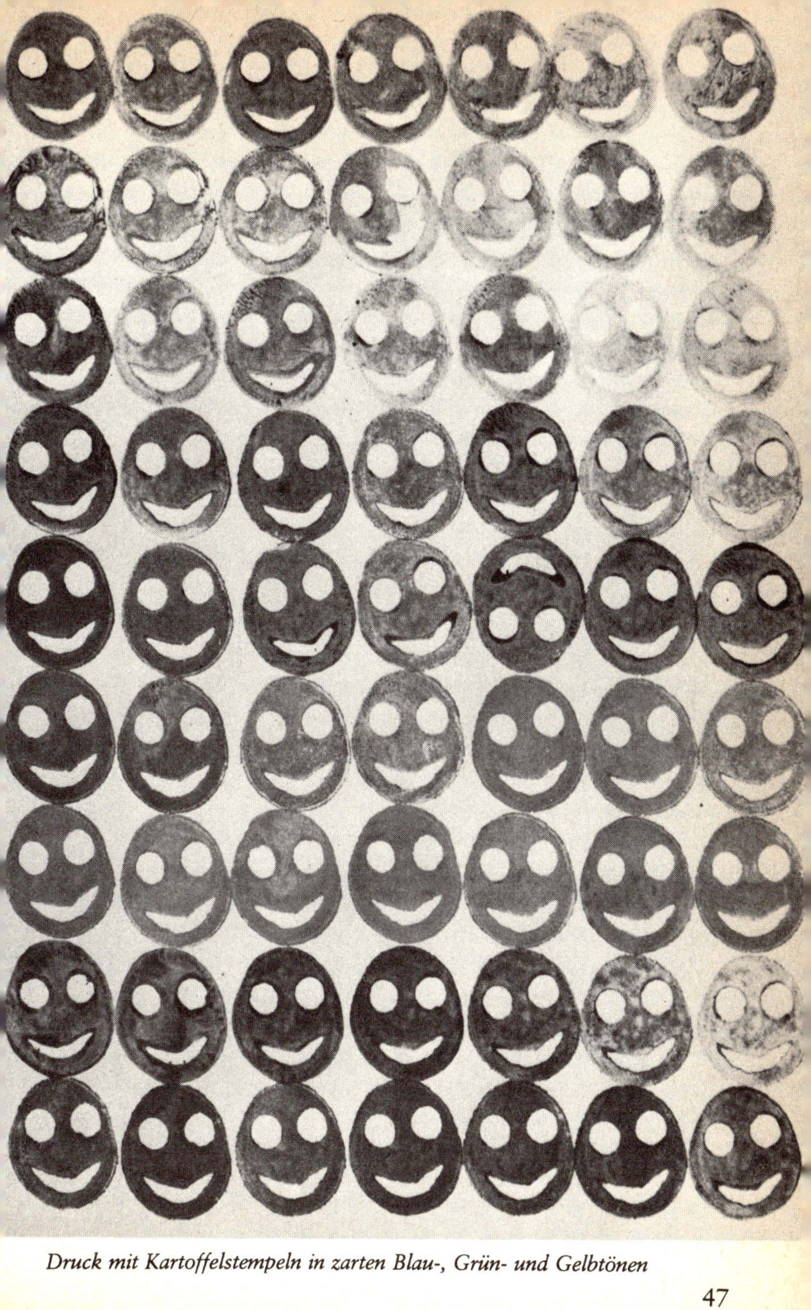

Druck mit Kartoffelstempeln in zarten Blau-, Grün- und Gelbtönen

und in die abgemessene Menge kalten Wassers gegeben. Die Wolle wird naß gemacht und in das Bad gelegt. Dann wird das Bad ganz langsam bis knapp unter den Siedepunkt, d. h. bis kleine Bläschen aufsteigen, erhitzt. Die Zeit für das Erhitzen sollte 45 Minuten dauern. Dann läßt man das Beizbad weitere 45 Minuten ziehen, aber nie kochen, d. h. aufwallen. Um diese Temperatur zu halten, muß das Beizbad auf kleiner Flamme stehen. Wer das auf der Herdplatte nicht schafft, kann eine Asbestplatte unterlegen. Sehr bewährt haben sich Campingkocher, da sie eine extrem kleine Flamme haben.
Die Wolle kann im Alaunbad abkühlen, man kann sie aber auch herausnehmen und gleich weiterfärben. Sie wird nicht ausgespült. Hat man sie im Beizbad abkühlen lassen, nimmt man sie heraus, drückt überschüssige Flüssigkeit sanft aus und trocknet die Wolle im Schatten oder schleudert sie in der Waschmaschine.

Kaliumchromat

Eine heute veraltete, aber in manchen Büchern noch verwendete Bezeichnung für Kaliumchromat ist Chromkali mit der chemischen Formel K_2CrO_4. Kaliumchromat wird als Beize für Wolle in folgenden Mengenverhältnissen verwendet:
100 g trockene Rohwolle
2 g Kaliumchromat
4 l Wasser
Diese Beize ist lichtempfindlich, das Bad sollte stets mit geschlossenem Deckel erhitzt werden; bewegt man die Wolle im Bad, den Deckel sofort wieder aufsetzen. Kaliumchromat muß mit großer Sorgfalt verwendet werden, es reizt Haut, Augen und Atemwege.
Das Beizbad wird nach demselben Verfahren angesetzt wie das Alaunbad: Das hellgelbe Pulver wird in einer Tasse heißem Wasser aufgelöst; dazu schüttet man das Pulver ins Wasser, nicht umgekehrt. Dann wird die Flüssigkeit in die bereits abgemessene Menge

Ein Korb voller ungesponnener Schafwolle, die mit Naturfarben gefärbt wurde: Koschenille, Krapp, Zwiebelschalen und Färberdistel

Oben: Bahnen von Nesselstoff wurden mit chemischen Farben gefärbt, dann in Streifen geschnitten. Sie können später beim Weben Verwendung finden
Links: Diese gesponnene Schafwolle ist mit chemischen Farben in den verschiedensten Farbtönen gefärbt worden.

Wasser gegeben. Die Wolle wird naß gemacht und ebenfalls in das Bad gegeben. Dann erhitzt man das Bad ganz langsam bis zum Siedepunkt. Es sollte etwa 45 Minuten dauern, bis diese Temperatur erreicht ist: Dann stellt man die Temperatur des Herdes niedriger und läßt das Bad weitere 45 Minuten lang kurz vor dem Siedepunkt ziehen. Man kann die Wolle gleich danach zum Färben verwenden, drückt lediglich, bevor man sie ins Färbebad gibt, die überschüssige Flüssigkeit aus. Dabei muß man beachten, daß Beizbad und Färbebad keine zu großen Temperaturunterschiede aufweisen. Will man nicht sofort färben, läßt man die Wolle im Beizbad abkühlen – der Deckel bleibt immer geschlossen – und nimmt die Wolle nach dem Abkühlen heraus, drückt die Flüssigkeit sanft aus und legt die Wolle in einer Plastiktüte an einen kühlen Ort. So kann sie mehrere Wochen aufbewahrt werden. Es empfiehlt sich, für die Arbeiten mit Kaliumchromat Gummihandschuhe zu tragen.

Kupfervitriol

Kupfervitriol ist ein sehr giftiges Sulfat mit der chemischen Formel $CuSO_4$. Es wird sowohl als Vorbeize verwendet als auch als metallischer Zusatz zum Färbebad. Die Mengenverhältnisse für das Beizbad:

100 g Wolle
4 g Kupfervitriol
4 l Wasser

Bei falscher Anwendung ist dieses Sulfat sehr gesundheitsschädlich! Es darf weder mit der Haut in Berührung kommen noch gar verschluckt werden. Nach Gebrauch sollte man sich sofort und gründlichst die Hände waschen. Dieses Beizbad wird auf dieselbe Art und Weise angesetzt wie das Alaunbad. Es ist nicht lichtempfindlich, färbt aber ab, wenn man die Wolle zum Trocknen auf ein Tuch legt. Zur Arbeit mit Kupfervitriol müssen immer Gummihandschuhe getragen werden.

Diese Wachsbatik entstand innerhalb eines Kurses des »Workshop Hannover«, sie ist ein gutes Beispiel für eine gelungene Flächengestaltung

Alle holzigen Färbemittel müssen ein oder mehrere Tage eingeweicht werden. Dazu bindet man sie in ein Stoffsäckchen, das man mehrmals kräftig auspreßt, damit es die Farbe gut abgibt

Die Zusätze

Eisensulfat, doppelsaures Natron und Zinnsalz sind Zusätze, die direkt ins Färbebad gegeben werden. Nach etwa 20 Minuten Kochzeit (die exakte Zeit entnimmt man den Rezepten) im Färbebad wird die Wolle herausgenommen. Die Zusätze werden in heißem Wasser aufgelöst und dann unter Rühren in das Färbebad gegeben.

Dabei muß man beim Umgang mit Zinnsalz (Zinnchlorid $SnCl_2 \cdot 2H_2O$) sehr viel Sorgfalt walten lassen. Auch Zinnsalz ist bei falscher Verwendung, besonders bei Verschlucken, gesundheitsschädlich.

Wichtig: Wenn giftige Zusätze oder Beizen verwendet werden, muß die Wolle nach dem Färben und vor dem Spülen mit einem Wollwaschmittel gewaschen werden.

Die Tinktur

Als Tinktur wird hier die Vorbereitung des Färbemittels für das Färbebad bezeichnet. Je nach Rezept werden die Färbemittel eine bestimmte Zeit lang eingeweicht und dann im Einweichwasser gekocht.

Blüten werden nicht eingeweicht, sondern in Stoffsäckchen gekocht. Holzige Färbemittel müssen mindestens eine Nacht im

Stoffsack eingeweicht werden. Danach werden sie im Einweichwasser ausgekocht.
Zwiebelschalen werden nicht eingeweicht, sondern 1 Stunde lang gekocht. Die Schalen werden dann über ein Stofftuch ausgeschüttet. Ein Teil der Schalen wird aber in einem Stoffsack im Färbebad mitgekocht. Macht man Nachfärbungen, dann kann man den restlichen Teil der Schalen mitkochen. Blätter werden 1 Stunde gekocht, Blüten dagegen nur 30 Minuten.
Zum Einweichen und Auskochen der Färbemittel hat sich die dünnste Sorte Nessel bewährt, zum Zubinden des Stoffsäckchens eine dünne weiße Baumwollschnur.

Die Menge des Wassers

Für jeweils 30 g Wolle braucht man 1 l Färbebad. Wenn wesentlich größere Mengen gefärbt werden, kann etwas weniger Wasser verwendet werden. Hat man 30 g Färbegut eine Stunde lang gekocht, muß hinterher die Flüssigkeitsmenge auf 1 l aufgefüllt werden, da während des Kochens Flüssigkeit verdunstet. Macht man Nachfärbungen, d. h. färbt man in einem Bad zweimal, so kann man entweder das Färbebad verdünnen (das heißt aber auch, die Farbe wird heller), oder man gibt entsprechend weniger Wolle in das Färbebad, wenn man auch bei der Nachfärbung intensive Töne erreichen will. Legt man immer einen Deckel auf den Kochtopf, dann verdunstet weniger Wasser.

Das Färben

Die Färbetinktur wird in einen Kochtopf mit Emaillebeschichtung geschüttet, dann wird die exakt abgewogene Wolle kurz ins Wasser getaucht und ins Färbebad gelegt. Die Temperatur wird nun ganz langsam erhöht; würde man das Bad zu rasch erhitzen, so wäre der Schock für die Wolle zu groß und sie würde verfilzen. Wer auf dem Küchenherd färbt, stellt das Färbebad auf die kleinste Flamme, die wiederum auf die niedrigste Stufe eingestellt wird. Die Dauer und die Temperatur der Färbebäder entnimmt man den

Blüten wie beispielsweise Kamille oder Ringelblumen werden ausgekocht. Dazu gibt man sie in ein Stoffsäckchen, das man mit einem weißen Baumwollfaden zubindet. In dem Stoffsäckchen werden die Blüten eine halbe Stunde ausgekocht, dann abgekühlt, bevor die Wolle der Tinktur zugegeben wird

einzelnen Farbrezepten, die auf den Seiten 58 bis 71 zusammengestellt sind. Die meisten Färbebäder werden eine Stunde lang kurz unter dem Siedepunkt gehalten. Die Zeit bis zum Erhitzen sollte 30 bis 45 Minuten betragen, der Siedepunkt ist erreicht, wenn Blasen aufsteigen, die Flüssigkeit aber noch nicht zu sprudeln beginnt. Die Wolle soll mehrfach sanft bewegt, aber nicht umgerührt werden. Viele Farben werden intensiver, wenn man die Wolle noch zum Abkühlen im Färbebad läßt. Die chemischen Zusätze werden, wie auf Seite 54 beschrieben, dem Färbebad zugefügt.

Das Spülen

Nach dem Färben wird die Wolle so lange gespült, bis das Spülwasser klar bleibt. Dies dauert – je nach Intensität der Farben – unterschiedlich lange. Das sorgfältige Spülen ist eine wichtige Voraussetzung für die Waschechtheit einer Farbe. Nimmt man die Wolle aus dem heißen, nicht aus dem abgekühlten Färbebad, so ist zu beachten, daß man sie keinem Temperaturschock aussetzen darf. Das Spülbad darf nur wenig kühler sein als das Färbebad, man senkt dann weiterhin die Temperatur von Spülbad zu Spülbad. Das letzte Spülbad sollte kalt sein.
Hat man giftige Zusätze verwendet, so wäscht man die Wolle noch vor dem Spülen mit einem Wollwaschmittel.
Ins letzte Spülwasser sollte immer ein Schuß weißer Essig getan werden.

Das Trocknen

Die fertig gefärbte Wolle kann entweder im Freien (aber im Schatten) getrocknet werden, oder aber man legt sie, wie schon auf Seite 28 beschrieben, zum Schleudern in die Waschmaschine.

Farbstoffe und Rezepte

Auf den folgenden Seiten sind 14 natürliche Farbstoffe beschrieben. Mit diesen 14 Farbstoffen erhält man bis zu 50 verschiedene Farbtöne. Nicht behandelt wurde das Blaufärben mit Indigo, obwohl dieser Farbton zu einer gut ausgewogenen Farbskala gehört. Natürlicher Indigo ist nicht mehr zu bekommen. Wer Glück hat und noch eine Bezugsquelle findet, sei auf die im Anhang aufgeführte Fachliteratur verwiesen. Auch auf Safran als Färbemittel wurde verzichtet. Dieser klassische Farbstoff zum Gelbfärben ist der teuerste aller Farbstoffe. Da man Gelbtöne aber mit sehr vielen anderen pflanzlichen Farbstoffen auch erreichen kann, mag der Safran besser in kleinen Mengen dem Kochen vorbehalten bleiben.

Brasilholz Caesalpinia echinata

Das Brasilholz, auch Rotholz genannt, ist eine rot färbende Substanz von hoher Farbkonzentration. Der Farbstoff wird aus dem Inneren der Rotholzbäume gewonnen. Eine intensive Färbung setzt voraus, daß das textile Material vorgebeizt ist; die klassische Vorbeize für eine Färbung mit Rotholz ist Alaun. Neben der Krappwurzel war Rotholz schon das wichtigste mittelalterliche Färbemittel. Nach 1500 brachten die Entdecker und Eroberer Südamerikas aus den Wäldern um den Amazonas das rote Brasilholz mit (siehe auch Seite 19). Heute kann man Brasilholz kleingeschnitzelt in Spezialdrogerien kaufen. (Bezugsquellennachweis siehe Anhang.)

Rezept

Mengen:	für 30 g Wolle 60 g Brasilholz und 1 l Wasser
Tinktur:	die exakt abgewogene Menge Brasilholzschnitzel eine Woche lang im Stoffsäckchen einweichen, dann das Säckchen 1 Stunde lang im Einweichwasser auskochen

Vorbeizen:	ungebeizte Wolle → Lavendelrot, wird leicht fleckig alaungebeizte Wolle → dunkles Rot kaliumchromatgebeizte Wolle → Violett
Zusätze:	ungebeizte Wolle mit Zinnsalz → Rosa ungebeizte Wolle mit doppelsaurem Natron → Lavendel alaungebeizte Wolle mit Kupfersulfat → Rubinrot
Färbebad:	45 Minuten kurz unter der Siedetemperatur ziehen lassen, Zusätze nach 30 Minuten ins Färbebad einrühren, dann die Wolle für weitere 15 Minuten ins Färbebad geben.

Kamille Anthemis nobilis

Wer »Kräutertee« hört, denkt zuerst einmal an Kamille. Mit den Blüten der gelb-weißen Kamille, die auch Römische Hundskamille genannt wird, mit denen man Tees gegen vielerlei Bauchweh kocht, lassen sich herrliche Gelbtöne färben. Man spült damit auch blondes Haar, um die Haarfarbe zu erhalten. Man kann sie in freier Natur sammeln, sie läßt sich aber auch leicht im Garten ziehen. Man erntet sie vor allem im Juni, morgens bei trockenem Wetter oder nach dem Tau, bindet sie zu kleinen Sträußchen zusammen und hängt sie, die Köpfe nach unten, im Schatten zum Trocknen auf.

Rezept

Mengen:	30 g Kamillenblüten für 30 g Wolle, 1 l Wasser
Tinktur:	die Kamillenblüten werden in ein Stoffsäckchen (siehe Abbildung Seite 56) eingebunden, 30 Minuten lang gekocht, dann gut ausgepreßt
Vorbeizen:	alaungebeizte Wolle → Gelb kaliumchromatgebeizte Wolle → Gold
Zusätze:	ungebeizte Wolle mit Eisen → Oliv ungebeizte Wolle mit Kupfersulfat → Gelbgrün

Kurkuma Curcuma longa

Bei Kurkuma, auch Gelbwurz oder indischer Safran genannt, handelt es sich um die Wurzelstöcke eines südostasiatischen Ingwergewächses. Die knolligen, fingerförmigen Wurzeln bestehen aus gelblichem Fleisch, duften würzig und schmecken leicht bitter. Kurkuma ist eines der 12 feingemahlenen Gewürze, deren Mischung Curry ergibt. Kurkuma ist pulverisiert in Spezialgeschäften für Gewürze erhältlich oder als Färbemittel geschnitzelt in Spezialdrogerien. Sie enthalten beide den gelben Farbstoff namens Kurkumin, der auch als Lebensmittel und Kosmetikfarbe verwendet wird. Die Färber des 18. und 19. Jahrhunderts benutzten Kurkuma vor allem deshalb, weil damit eine Gelbfärbung ohne Vorbeize möglich ist. Mit Kurkuma gefärbte Textilien sind nur bedingt lichtecht, eignen sich aber hervorragend zum Überfärben mit Braun- und Olivtönen. Nachfärbungen sind möglich, es ergeben sich aber zartere Farbtöne.

Rezept

Mengen:	für 30 g Wolle 30 g Kurkuma und 1 l Wasser
Tinktur:	Wurzelstückchen mit dem Hammer zerkleinern und 2 Tage im Stoffsäckchen einweichen, dann gut auspressen und im Einweichwasser langsam erhitzen, kurz unter dem Siedepunkt 60 Minuten ziehen lassen, mehrfach auspressen (Gummihandschuhe benutzen), dann abkühlen lassen und wieder gut auspressen. Die verdunstete Flüssigkeit auffüllen
Vorbeizen:	ungebeizte Wolle → klares Hellgelb alaungebeizte Wolle im zweiten Bad → Zartgelb kaliumchromatgebeizte Wolle → Gelb
Färbebad:	60 Minuten knapp unter dem Siedepunkt.

Färberdistel Carthamus tinctorius

Die Färberdistel wird auch Saflor genannt. Sie stammt aus Ägypten und wächst auch in einigen Gegenden Indiens. Die Färberdistel

Zwischen den Blättern wurden mit dem Tjanting feine Linien gezogen

wird in den Handbüchern zur Färberei aus dem 19. Jahrhundert vielfach erwähnt. Man baute sie als Nutzpflanze innerhalb Europas an. Die Färberdistel ist eine etwa 1 m hohe Pflanze, die zur Familie der Disteln gehört. Die roten Blüten färben pflanzliche Stoffe wie Baumwolle und Leinen rot, tierische Fasern wie Schafwolle dagegen gelb.
Man kann die getrockneten Blüten der Färberdistel in Spezialdrogerien kaufen.

Rezept

Mengen:	für 30 g Wolle 30 g Färberdistel und 1 l Wasser
Tinktur:	will man ein helles Gelb, so weicht man die Blüten 3 bis 4 Stunden ein und kocht das Stoffsäckchen im Einweichwasser 45 Minuten aus; will man ein intensives Orange, so weicht man die Blüten über Nacht ein und kocht sie 1 Stunde aus
Vorbeizen:	ungebeizte Wolle → helles grünliches Gelb, Nachfärbung möglich alaungebeizte Wolle → stumpferes Gelb kupfersulfatgebeizte Wolle → helles Olivgrün
Zusätze:	1 Teelöffel Kupfersulfat auf ungebeizte Wolle → Gelbgrün 1 Prise Zinn → Gold

Henna Lawsonia inermis

Die Blätter des Hennastrauches sind rund um das Mittelmeer zum Färben benutzt worden. In Ägypten benutzte man Henna zum Färben der Fingernägel und anderer Körperstellen. Henna ist das klassische Mittel, um Haare rot zu färben. 50 g Henna werden in warmem Wasser angerührt, ein Ei wird dazugegeben; das Ganze erinnert an einen flüssigen Tonbrei, er wird möglichst gleichmäßig über die Haare verteilt. Blonde Haare werden schon nach 10 Minuten hellrot, dunkle Haare haben nach einer Stunde eine schöne rote Tönung. Henna wirkt auf die Haare festigend (im Gegensatz zu den chemischen Färbemitteln, die das Haar sehr strapazieren) und verleiht ihnen Glanz.

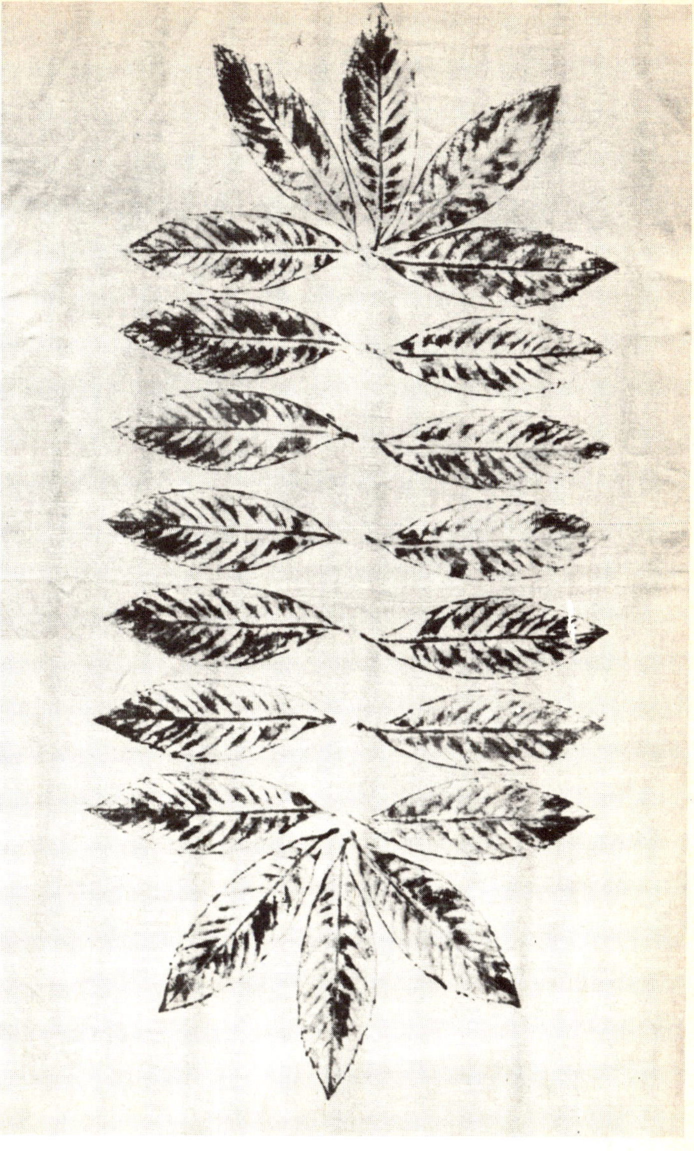

Die Blattadern und -ränder wurden mit Farbe bestrichen und abgedruckt

Rezept

Mengen:	30 g Hennapulver für 30 g Wolle, 1 l Wasser
Tinktur:	über Nacht einweichen, dann im Stoffsäckchen 1 Stunde ziehen lassen
Vorbeizen:	ungebeizte Wolle → Rotbraun alaungebeizte Wolle → Orange
Färbebad:	1 Stunde auskochen

Cochenillen Dactylopius coccus

Lange bevor die Spanier Mexiko entdeckten, züchteten die dort lebenden Azteken die auf einer Kakteenart namens Opuntia lebende Schildlaus und verwendeten sie zum Färben. Die von den Seefahrern aus den überseeischen Gebieten mit nach Europa gebrachten Cochenillen verdrängten den bis dahin in Europa verwendeten Farbstoff der Kermesschildlaus, die auf den Kermeseichen lebte. Die Cochenillen enthalten eine Karminsäure; für 1 kg Farbpulver sind etwa 150000 getötete Insekten notwendig. Deshalb ist Cochenille neben Safran der teuerste natürliche Farbstoff. Die Färbebäder können jedoch mehrmals hintereinander verwendet werden; um 100 g Wolle zu färben, sind nur 25 g Cochenillen notwendig. Cochenillen ergeben ein dunkles Rot mit einem leichten Blaustich. Vorbeizen sind nicht notwendig.

Rezept

Mengen:	für 30 g Wolle 7,5 g Cochenillen, 1 l Wasser
Tinktur:	die Cochenillen in einem Mörser zu Pulver reiben oder im Stoffsäckchen mit einem Hammer zerkleinern, dann über Nacht evtl. unter Zusatz von 4 g Weinstein einweichen. Das Säckchen mehrfach auspressen, damit es die Farbe gut abgibt
Vorbeizen:	ungebeizte Wolle → Rot
Färbebad:	Cochenille färbt gern fleckig, deshalb ein Wollwaschmittel ins Färbebad geben und sorgfältig die Wolle ab und zu bewegen

Es sind mehrere Nachfärbungen in einem Färbebad möglich, die Farbintensität läßt jedoch nach.

»Zirkus«, eine Batik, die von Teilnehmern des »Workshop Hannover« innerhalb eines Kurses gearbeitet wurde

Krapp Rubia tinctorum

Krapp ist eine rotfärbende Pflanze, sie wird auch Färberröte genannt. Die Rinde ihrer Wurzel enthält das rotfärbende Alizarin. In der königlichen Verordnung über die Landgüter unter Karl dem Großen wird erwähnt, daß sie bereits um 800 in den königlichen Gärten angebaut wurde. Der Krappanbau war bis ins 19. Jahrhundert von großer wirtschaftlicher Bedeutung. Die Wurzeln brauchen 3 Jahre, bis sie groß genug sind, um geerntet zu werden. Dann werden sie getrocknet und zu Pulver vermahlen. Man kann sie in Spezialdrogerien entweder geschnitzelt oder als Pulver kaufen. Geschnitzelte Krappwurzeln werden vor dem Einweichen ent-

Blumensträuße sind beliebte Motive für Batiken. Diese entstand ebenfalls innerhalb eines Kurses des »Workshop Hannover«

weder in einem Mörser oder mit einem Hammer zerkleinert, man füllt die Wurzeln dazu in ein Stoffsäckchen.

Rezept

Mengen:	30 g Krapp für 30 g Wolle, 1 l Wasser
Tinktur:	im Stoffsäckchen über Nacht einweichen, am nächsten Tag langsam erwärmen und 10 Minuten kochen
Vorbeizen:	alaungebeizte Wolle → Rot kaliumchromatgebeizte Wolle → bräunliches Rot
Färbebad:	30 Minuten kurz unter dem Siedepunkt ziehen lassen

Orleansamen Bixa Orellana

Orlean ist eine Pflanze aus Mexiko, deren Samenkörner einen orangefärbenden Farbstoff abgeben. Während des 18. und 19. Jahrhunderts wurde er zum Gelbfärben von Textilien, aber auch von Butter und Käse verwendet. Vor dem Einweichen werden die Samen in einem Mörser zu Pulver zerkleinert oder aber in ein Stoffsäckchen getan und darin mit Hammerschlägen zu Pulver geschlagen.

Rezept

Mengen:	für 30 g Wolle 30 g pulverisierte Orleansamen, 1 l Wasser
Tinktur:	mit 1 Eßlöffel Bleichsoda über Nacht einweichen, am nächsten Tag im Stoffsäckchen 1 Stunde kochen lassen, das verdunstete Wasser wieder auffüllen
Vorbeizen:	alaungebeizte Wolle → Orange kaliumchromatgebeizte Wolle → Gold
Färbebad:	unter dem Siedepunkt 45 Minuten ziehen lassen

Sandelholz Pterocarpus santalinus

Das sehr harte Sandelholz stammt von einem tropischen Baum, der an der Westküste Afrikas, in Sierra Leone, Indien, Ceylon und in verschiedenen anderen tropischen Gegenden Asiens wächst. Sandelholz wurde im 18. Jahrhundert von dort nach Europa versandt und hier in Farbmühlen geraspelt und gemahlen.
Geschnitzeltes Sandelholz kann man in Spezialdrogerien kaufen.

Rezept

Mengen:	für 30 g Wolle 30 g Sandelholz, 1 l Wasser
Tinktur:	im Stoffsäckchen 3 bis 4 Tage einweichen, dann 1 Stunde auskochen
Vorbeizen:	alaungebeizte Wolle → Rot
Färbebad:	2mal 30 Minuten kochen, dazwischen die Wolle aus dem Bad nehmen und über Nacht liegen lassen

Walnußschalen Juglans regia

Der Walnußbaum wird 10 bis 30 m hoch. Er hat eine silbergraue, rissige Rinde. Die Früchte, die Nüsse, sind 4 bis 5 cm groß und haben ein grünes, ungenießbares Fruchtfleisch, darunter eine stark runzlige Schale, die Walnuß. Die grünen Fruchtschalen liefern einen braunen Farbstoff, der zum Färben von Textilien, Holz und zum Haarefärben verwendet wird. Auch ohne Beizen sind die Farben lichtecht. Bei uns werden Walnußbäume der Nüsse und des schönen Holzes wegen kultiviert.
Eine aus dem Besitz des Stiftes Stams bei Innsbruck stammende Handschrift aus dem Jahre 1330 berichtet: »Nim grün nussschaln und stozz die under einander und lazze das siben tag vaulen in einem hevelein und da mit verb schwarcz varb.«

Rezepte
a) frische Walnußschalen

Mengen:	90 g frische Walnußschalen für 30 g Wolle, 1 l Wasser
Tinktur:	Walnußschalen zerkleinern und dann 4 Tage einweichen, danach 1 Stunde im Einweichwasser auskochen
Vorbeizen:	ungebeizte Wolle → Dunkelbraun
Färbebad:	1 Stunde ziehen lassen

b) getrocknete Walnußschalen

Mengen:	30 g getrocknete Walnußschalen auf 30 g Wolle, 1 l Wasser
Tinktur:	4 Tage lang einweichen, im Einweichwasser 1 Stunde kochen
Vorbeizen:	alaungebeizte Wolle → zum Grau neigendes Hellbraun
Färbebad:	1 Stunde ziehen lassen

c) vergorene, getrocknete Walnußschalen

Mengen:	90 g getrocknete Walnußschalen auf 30 g Wolle, 1 l Wasser

Die Stempel sind aus Kartoffeln, es wurde mit Stoffmalfarben gedruckt

Tinktur:	in einem geschlossenen Gefäß die Walnußschalen 3 Monate gären lassen. Jede Woche einmal umrühren. Diese vergorene Masse entwickelt schlechte Gerüche, man stellt sie an einen Ort, wo das niemanden stört. Man gießt die Masse dann durch ein Tuch ab und füllt die verdunstete Flüssigkeit nach
Vorbeizen:	ungebeizte Wolle → Dunkelbraun
Färbebad:	30 Minuten kurz unter dem Siedepunkt ziehen lassen

Walnußblätter Juglans regia

Mit den getrockneten Blättern des Walnußbaumes lassen sich Textilien gelb bis grün und Haare braun färben. Aus Walnußblättern macht man auch einen heilsamen Likör, ein Bad mit frischen oder getrockneten Walnußblättern tut Händen und Füßen gut. Walnußblättertee soll ein wirksames Mittel gegen Würmer und Rachitis sein. Es lohnt sich also, getrocknete Walnußblätter zu sammeln oder zu kaufen und sie für vielerlei Zwecke im Haus zu haben.

Rezept

Mengen:	60 g Walnußblätter für 30 g Wolle, 1 l Wasser
Tinktur:	im Stoffsack 1 Stunde auskochen
Vorbeizen:	alaungebeizte Wolle → grünliches Gelb
Färbebad:	1 Stunde ziehen lassen

Zwiebelschalen Allium sativum

Zum Färben eignen sich am besten die gelben Zwiebelschalen. Man hängt ein Stoffsäckchen in der Küche auf und sammelt sie darin. Man braucht ebensoviel Gramm Zwiebelschalen wie Wolle, das ist sehr viel. Aber die Mühe lohnt sich – es entstehen herrliche Orange-, Rost- und Brauntöne. Werden Nachfärbungen gemacht, sollte man dem Färbebad nur einen Teil der Schalen zugeben und weitere Teile dann zur Nachfärbung verwenden.

Um mit Zwiebelschalen färben zu können, muß man fleißig sammeln

Rezept

Mengen:	30 g Zwiebelschalen für 30 g Wolle, 1 l Wasser
Tinktur:	Zwiebelschalen in 1 l Wasser 1 Stunde kochen
Vorbeizen:	alaungebeizte Wolle → dunkles Orange mit gelben Untertönen kupfersulfatgebeizte Wolle → Rostrot (intensiver als alaungebeizte) chromkaligebeizte Wolle → Rostrot (gleiches Ergebnis)
Zusätze:	alaungebeizte Wolle und 1 Teelöffel Eisensulfat → Braun

Es sind mehrere Nachfärbungen möglich.

Synthetische Farbstoffe

Synthetische Farbstoffe gibt es in Drogerien, in Geschäften mit Hobbybedarf und in den Hobbyabteilungen der Kaufhäuser. Hier eine Aufstellung der gebräuchlichsten chemischen Färbemittel, für welche Materialien sie geeignet sind und welche Zusätze sie erfordern:

DEKA-Textilfarbe Serie L: Dies ist die klassische Batikfarbe, es gibt sie in 32 Farbtönen, eine hochlichtechte Textilfarbe mit Naturfasern und Kunstseide bei einer Färbetemperatur zwischen 50 ° und 95 °C. Wird das Färbegut mit einem dazugehörenden Festigerbad nachbehandelt, so kann es bis zu einer Temperatur von 50 ° C gewaschen werden, ohne daß seine Färbung ausläuft. Leider sind die Farben der Serie L nur in sehr kleinen Packungen von 10 g

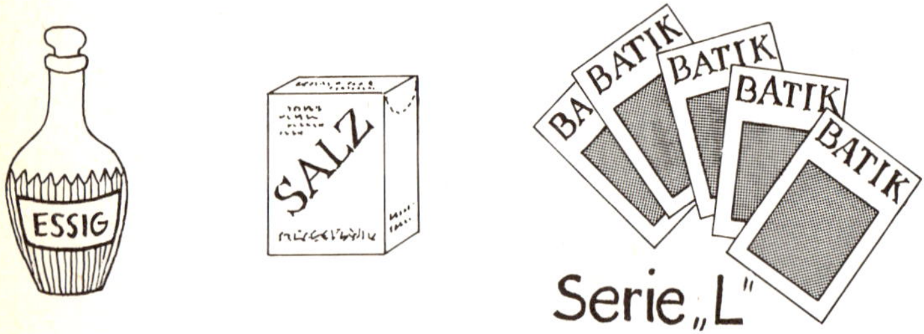

Hier die wichtigsten Utensilien für das Färben von Stoffen: Essig, Salz und Textilfarben

erhältlich. Für 10 g Farbpulver benötigt man einen Eßlöffel Kochsalz, beim Färben von Seide zusätzlich 2 Eßlöffel Essig. Mit 10 g Farbpulver können bei ganz intensiven Farbtönen 125 g Stoff oder Wolle (Trockengewicht) gefärbt werden. Die Menge des Färbeguts kann zwar auch erhöht werden, die Farben werden dann aber blasser.

Batika-Textil-Kaltfarbe (DEKA): Diese Spezialtextilfarbe färbt bei einer Temperatur zwischen 20 ° und 40 °C. Die damit gefärbten Textilien sind kochecht. Auch diese Farbe ist nur in Abpackungen von 10 g erhältlich. Dazu braucht man für jede Packung jeweils 10 g Reaktionsmittel und dieselbe Menge Kochsalz wie Färbegut. Auf 100 g Stoff also beispielsweise 100 g Kochsalz. Mit 10 g Färbemittel und dem dazugehörenden Reaktionsmittel kann man 100 bis 200 g Stoff, Garn oder Wolle färben. Batika ist in 12 verschiedenen Farbtönen erhältlich.

Dylon-Wasch-Color: Eine speziell für das Färben in der Waschmaschine hergestellte Mischung aus Textilfarbe und einem Spezialwaschmittel. Eine Dose reicht für 1¼ kg Trockenwäsche aus. Diese Textilfarbe ist sowohl für Naturfasern als auch für Kunstfasern wie Nylon, Perlon und Reyon geeignet. Nicht färben kann man damit die reinen Polyesterstoffe, acrylhaltige Fasern, Tricel und bügelfreie Stoffe. Die Temperatur der Wäsche wird der Qualität der Stoffe nach eingestellt. Es kann bis 100 °C gefärbt werden.

Dylon-Universal-Color: Diese Textilfarbe eignet sich für Naturfasern und Synthetics. Ein Döschen Farbe reicht für 250 g Färbegut bei einer Färbetemperatur zwischen 60 ° und 100 °C. Pro Döschen werden dem Färbebad 30 g Salz zugegeben.

Dylon Cold: Eine hochlichtechte Spezialfarbe für Naturfasern. Es kann im kalten Färbebad gefärbt werden. Deshalb ist diese Farbe auch für Batik und andere Reservetechniken geeignet. Jedes Farbdöschen muß beim Färben von Stoffen immer mit einem Fixiermittel gemeinsam angesetzt werden, zusätzlich werden dem Färbebad noch pro Döschen 120 g Salz zugegeben. Färbt man Wolle, so verwendet man kein Fixiermittel und kein Salz, sondern gibt pro Farbdöschen einen halben Liter Essig ins Färbebad.

Simpicol: Dieses ist eine kochfeste, hochlichtechte Textilfarbe. Es gibt sie in 10 Farbtönen in Packungen von 100 g Farbpulver zu kaufen. Jeder Packung liegen 200 g Fixierer bei. Färbt man mit der Waschmaschine, so gibt man 1 kg Kochsalz zu. Färbt man in Schüsseln oder Kesseln, so benötigt man 50 g Kochsalz pro Liter Wasser. Damit können, je nach Farbintensität, 250 bis 2500 g Stoff gefärbt werden.

Die Packungen enthalten sehr gute Angaben über die Farbskala, die mit dieser Textilfarbe je nach Dosierung des Farbpulvers erreicht werden kann. Falls man hier nicht genannte Farbpulver verwendet, ist es wichtig, sich genau an die Gebrauchsanweisungen auf den Packungen zu halten.

Das Färben in Bottichen

Hier soll beschrieben werden, wie kleinere Stücke Stoff oder einzelne Stränge Wolle von Hand gefärbt werden. Auch bei der Batiktechnik ist der Vorgang des Färbens derselbe.

Die Geräte zum Färben

Zum Färben mit synthetischen Farbstoffen braucht man neben dem textilen Färbegut, Farbpulver, Reaktionsmitteln, Salz oder Essig, deren Mengenverhältnisse man den Gebrauchsanweisungen der Packungen entnimmt, folgende Geräte:

– ein hitzebeständiges Gefäß zum Abmessen der Flüssigkeit, es sollte mindestens einen Liter fassen

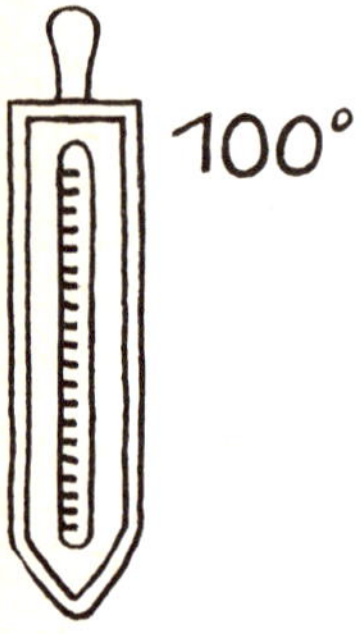

– ein Thermometer zum Messen der Temperatur des Färbebades

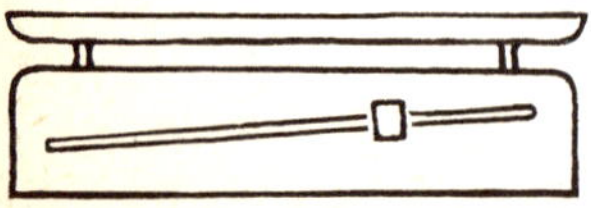

– eine Küchenwaage zum Abwiegen des Salzes und des Färbegutes

- einen ausrangierten Kochlöffel zum Umrühren von Farbpulver und von Wasser, sehr geeignet ist auch der Stiel eines alten Malpinsels

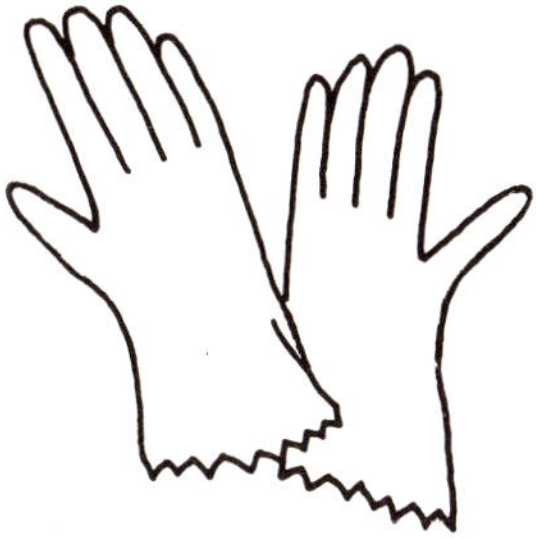

- Gummihandschuhe

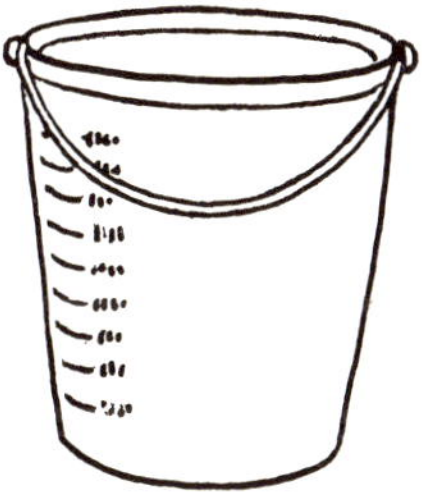

- pro Färbebad ein Gefäß aus hitzebeständigem Material.
  Für die Gefäße, die mit dem Färbebad in Berührung kommen, gilt: Keine Metallgefäße verwenden und keine Gefäße mit Emaillebeschichtung, die nicht mehr ganz intakt sind. Kochtöpfe mit fehlerloser Emaillebeschichtung können verwendet werden, ebenso hitzefeste Kunststoffeimer.

- ein Tuch zum Durchseihen der Färbeflüssigkeit, dazu eignen sich Stoffwindeln oder aber ganz dünner Nesselstoff

Der Arbeitsplatz

Kleine Mengen von Wolle oder Stoff kann man im Rahmen eines normalen Haushalts bewältigen. Wer aber häufiger färbt, sollte

sich einige Töpfe für die Färberei anschaffen, da es den Kochgeräten nicht gerade zuträglich ist, wenn sie mit den chemischen Substanzen in Berührung kommen.
Wer in Bad oder Küche färbt, sollte den Boden sorgfältig mit mehreren Lagen Zeitungspapier abdecken. Trotzdem muß man, wenn man im Haus färbt, sehr vorsichtig mit den herabtropfenden Färbeflüssigkeiten umgehen. Diese sind sehr intensiv. Von Händen, Kleidung oder Arbeitsfläche müssen Flecken sofort entfernt werden.
Ideal ist es, im Freien zu färben, wo man sehr viel unbedenklicher mit dem Färbegut und seinen Bädern umgehen kann.

Das Ansetzen des Färbebades

Das Farbpulver wird genau entsprechend den Arbeitsanleitungen der Packungen mit den notwendigen Zusätzen von Salz und Reaktionsmittel in ein hitzebeständiges Gefäß gegeben. Dann setzt man 1 Liter Wasser auf dem Herd auf, läßt das Wasser kurz aufkochen und kippt es über die Färbemittel. Die Farbtöne einer Herstellerfirma können als Pulver untereinander gemischt werden. Mit einem Holzkochlöffel wird der flüssige Brei so lange umgerührt, bis sich alle Klümpchen aufgelöst haben, da sonst ungleichmäßige Verfärbungen entstehen.
Dann schüttet man die Tinktur durch ein Tuch in das Gefäß, in dem man später das textile Material färben will. So werden die letzten noch verbliebenen Farbklümpchen ausgesondert. Auf diese Tinktur schüttet man dann das Wasser für das Färbebad. Die Menge des Wassers und die richtige Temperatur entnimmt man den Packungen der Farbpulver.

Hell und dunkel

Ein Vorteil des Selberfärbens ist, daß durch eng nebeneinanderliegende Farbtöne eine harmonische Skala mit feinen Farbunterschieden erreicht werden kann. Es gibt unterschiedliche Verfahren, dunklere oder hellere Farbtöne zu erreichen. Eine Möglichkeit ist

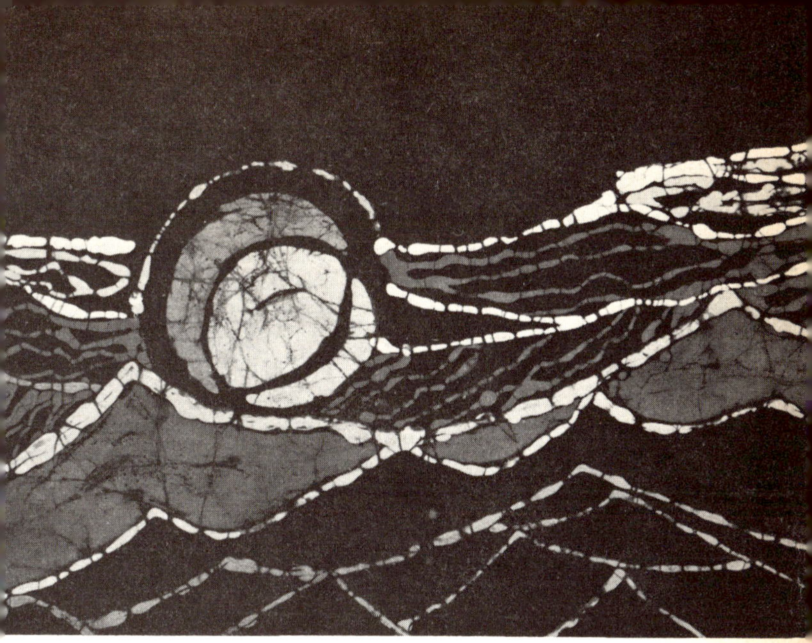

Eine Batik mit schwarzem Hintergrund, vorn Gelb- und Orangetöne

es, das Färbebad von vornherein dünner anzusetzen und damit auch mehr Material zu färben. Das Färbegut kann aber auch kürzer eingetaucht werden, als das die Anweisungen auf den Packungen angeben.

Das Mischen von Farben

Wie auf Seite 76 beschrieben, können die Färbebäder bereits gemischt angesetzt werden. Dies wird man sicherlich vor allem dann tun, wenn man ein großes Stück in einer Farbe färben will. Plant man, eine ganze Skala von Wollsträngen zu färben, so setzt man dazu gleich mehrere Färbebäder an. Zuerst die Grundfarben: Gelb, Rot und Blau, dann vielleicht noch gemischte Farben wie beispielsweise Burgunder, ein helles Rosa oder Violett. Dann taucht man die Stränge nacheinander in verschiedene Färbebäder, spült sie aber zwischendurch gut aus. Welch reichhaltige Farbskala mit ein paar Färbebädern entstehen kann, steht auf Seite 50.

Das Spülen

Hat man die Farbtöne erreicht, die man sich gewünscht hat, spült man das Färbegut so lange, bis das Wasser klar bleibt. Ins letzte Spülwasser gibt man einen Eßlöffel Essig, man kann aber auch das Färbegut mit einem Fixierer nachbehandeln. Diesen Fixierer gibt es allerdings nur zu wenigen synthetischen Farbstoffen.
Es empfiehlt sich, bei der ersten Wäsche selbstgefärbten Materials es getrennt von anderen zu waschen, da es gelegentlich noch ausbluten kann.

Das Trocknen

Garnstränge, die frisch gefärbt sind, hängt man in kleinen Abständen voneinander auf, da sie gelegentlich noch »ausbluten« können. Gewebestücke sind mit Wäscheklammern aufzuhängen. Frisch gefärbte Materialien sollte man jedoch nicht der prallen Sonne aussetzen, sondern im Halbschatten trocknen.

Das Färben in der Waschmaschine

Es wäre gewiß nicht sinnvoll, eine Batik in der Waschmaschine zu färben. Feine Farbnuancen lassen sich nur schwer bestimmen, da nicht unmittelbar beeinflußt werden kann, wie lange das Färbegut mit wieviel Wasser des Färbebads in Berührung kommt. Es lohnt sich, aufzuschreiben, mit welcher Menge welchen Farbpulvers man in der Waschmaschine welches Ergebnis erzielt hat, um diese Erfahrungen festzuhalten. Das Färben in der Waschmaschine ist eine große Erleichterung, wenn es darum geht, voluminöse Wäschestücke einzufärben. Wer die Farbintensität selbst bestimmen will, kann auch das Färbegut in einem Bottich färben und es dann zum Spülen und eventuell Schleudern in die Waschmaschine geben.
Sorge um die Waschmaschine braucht man sich nicht zu machen. Die Gummiteile an der Maschine verfärben sich zwar bei dunklen Farben manchmal leicht. Deshalb sollte man nach Beendigung des

Zum Färben in der Waschmaschine eignen sich vor allem größere Stoffstücke

Färbevorgangs die Maschine einmal nur mit einem Waschmittel leer durchlaufen lassen. Ganz Vorsichtige können die Waschmaschine mit Entfärber (Bezugsquelle im Anhang) und einem Becher Waschpulver einen Waschgang leer durchlaufen lassen. Da dies aber eine große Energieverschwendung ist, empfiehlt es sich, nach dem Färben erst einmal dunklere Wäsche zu waschen. Die Waschmaschine gibt nach dem Färben und Spülen nur ganz wenig Farbreste ab. Unvorsichtig wäre es allerdings, nach einem Färbevorgang gleich kostbare Weißwäsche zu kochen. Es kann grundsätzlich jedes Material in der Waschmaschine gefärbt werden, das es auch verträgt, maschinell gewaschen zu werden.

Die Vorbereitung des Färbeguts

Stoffe, die in der Waschmaschine gefärbt werden, müssen sauber und frei von jeder Appretur sein (siehe Seite 32). Flecken entfernt man vor dem Färben mit einem Fleckentferner, Flecken verfärben sich sonst anders als die übrige Fläche.
Das Färbegut muß trocken gewogen werden, um die Menge von Farbpulver und eventuell auch Kochsalz zu ermitteln. Die Mengen entnimmt man den Gebrauchsanweisungen der Packungen. Das Färbegut wird dann naß gemacht und in die Trommel der Waschmaschine gegeben. Es sollte nie mehr als die Hälfte des Fassungsvermögens in einem Waschgang gefärbt werden.

Das Färbebad

Das Farbpulver und – sofern notwendig – auch Fixiermittel, Kochsalz oder Essig werden den Gebrauchsanweisungen der Packungen entsprechend abgewogen und abgemessen. Die Farbtöne einer Herstellerfirma können untereinander vermischt werden. Das Farbpulver wird dann in ein hitzebeständiges Gefäß gegeben, und kochendes Wasser wird darübergegossen. Die Flüssigkeit muß gut umgerührt werden. Die Werkzeuge zum Umrühren nehmen die Farbe sofort an. Man sollte also auch hierbei entweder ausrangierte Kochlöffel benutzen oder Stiele von nicht mehr verwendbaren Malpinseln. Man muß dabei mit der konzentrierten Farbflüssigkeit sehr sorgfältig umgehen und Farbspritzer immer sofort mit warmem Wasser entfernen. Alle Farbklümpchen müssen aufgelöst werden, sonst entstehen ungleichmäßige Verfärbungen.
Sind für das Farbpulver Fixierer und Kochsalz notwendig, so werden diese in einem weiteren Gefäß in warmem Wasser – ebenfalls klumpenfrei – aufgelöst.

Der Färbevorgang

Das nasse Färbegut wird in die Trommel der Waschmaschine gelegt; Salz und Fixierer werden ebenfalls direkt in die Trommel gegeben. Die Färbeflüssigkeit gibt man in die Einfüllkammer für das Waschmittel des Hauptwaschgangs. Dann schließt man die Tür der Trommel und stellt den Hauptwaschgang an. Die Temperatur richtet sich zum einen nach dem Färbegut und der Höchsttemperatur, bei der es gewaschen werden kann, zum anderen aber nach den Gebrauchsanweisungen der Farbpulver, die besagen, bei welcher Temperatur die Farbpulver wirksam werden. Man wählt dann den bei der jeweiligen Temperatur am längsten andauernden Hauptwaschgang und spült danach das Färbegut. Sofern es das Schleudern auch verträgt, kann das Färbegut auch in der Waschmaschine trockengeschleudert werden.

Das Trocknen

Das Färbegut darf zum Trocknen nicht über eine Leine gehängt werden, es entsteht dann ein heller, schmaler Streifen an der Knicklinie. Kleidungsstücke sollte man auf einen Bügel hängen, große Wäschestücke mit Wäscheklammern an eine Leine klammern. Das frisch gefärbte, noch nasse Färbegut darf aber nicht der direkten Sonnenstrahlung ausgesetzt werden. Wolle legt man am besten auf ein großes Stück Stoff zum Trocknen.

Muster färben

Jeder erlebt täglich in seiner Umgebung gemusterte Textilien. Bevor man damit beginnt, eigene Muster zu entwerfen und sie in Farbe auf Stoff zu realisieren, muß man den Mut haben, sich von der Perfektion der maschinell hergestellten Muster zu befreien und sich darüber klarwerden, daß gerade das zufällig Entstandene, Unregelmäßige ein Zeichen dafür ist, daß es diesen Stoff nur einmal gibt und er sich dadurch von der Serie der Massenprodukte abhebt. Eine gute Vorübung für das Entwerfen eines Musters ist das auf den vorangegangenen Seiten beschriebene einfarbige Färben von Stoffen. Man kann sich dabei Gedanken machen, welche Farben einem gefallen und welche Kombinationen von Farben man gerne um sich haben möchte. Mit dieser Erfahrung kann man darangehen, sich Muster auszudenken, um sie dann in einem der hier aufgezeigten Verfahren zu realisieren.

Muster durch Reservierung

Es gibt verschiedene Verfahren, auf textilem Material Flächen zu reservieren oder abzudecken. Dabei werden Motive nicht farbig auf einen Untergrund gebracht, sondern sie werden ausgespart, um auch nach dem Eintauchen des Stoffes ins Färbebad noch die Farbe des Untergrundes zu behalten. Die bekannteste und am höchsten entwickelte Reservetechnik ist das Abdecken mit heißem Wachs, die Batiktechnik. Es gibt jedoch auch Reservierung durch Faltungen, durch Verknoten und Umwickeln. Diese sollen hier an erster Stelle behandelt werden, da sie gute Vorübungen zur Batik sind.

Tauchen

Das einfachste Verfahren, zweifarbige Musterungen zu erzeugen, ist, nur die Teile ins Färbebad zu geben, die gefärbt werden sollen.

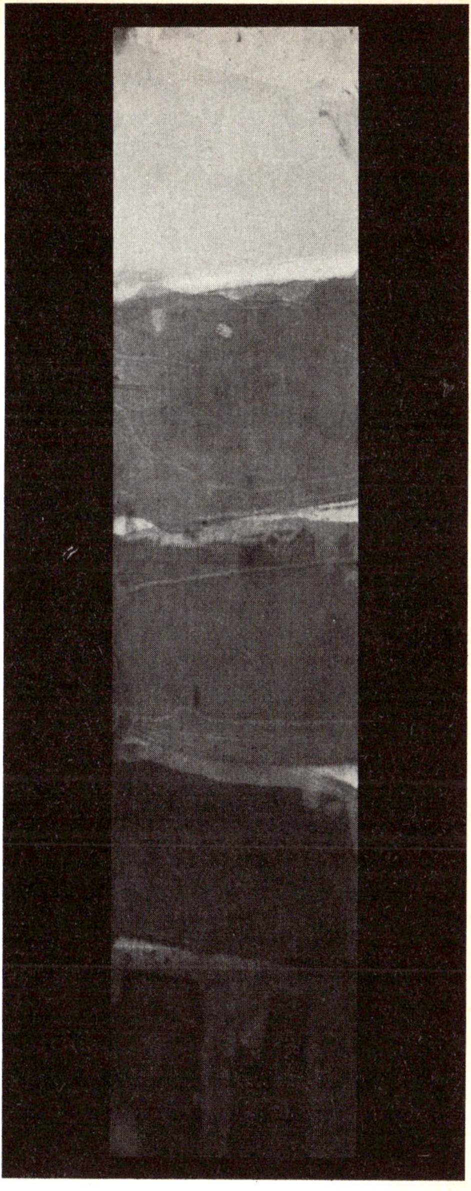

Bei diesem schmalen Stück Stoff wurde der obere Streifen einmal kurz ins Färbebad getaucht, der nächste zweimal, der unterste dann fünfmal. Es entstehen Streifen mit fließenden Übergängen

Ein quadratisches Stück Stoff wird so zusammengerollt, daß das Ganze einer Waffel ähnelt, wie man sie als gut schmeckenden Träger von Eiskugeln kennt. Man taucht ihn bis zur Hälfte ins Färbebad und erhält ein rundes Gebilde mit fließenden Übergängen. Faltet man ein rechteckiges Stück Stoff und taucht die Kanten ins Färbebad, so entstehen Streifen.
Die Möglichkeiten, auf diese Art und Weise Muster entstehen zu lassen, sind zwar begrenzt; ein Experimentieren lohnt sich aber, denn es sind noch weitaus mehr Mustervariationen möglich als hier beschrieben.

Plangi

Unter der Bezeichnung *Plangi* versteht man ein Verfahren, bei dem kleine Köpfchen aus den Stoffflächen abgebunden werden. Es wird angenommen, daß die Plangitechnik schon vor Beginn unserer Zeitrechnung in China praktiziert wurde, daß sie sich aber vor allem in Indien zu einer hochentwickelten Textilkunst entwickelte. Mit großer Perfektion wurden die in Indien heimischen Seiden- und Baumwollstoffe mit Mustern verziert. Der Schweizer Forscher René Gardi berichtet von seinen Reisen in entlegene Gegenden Afrikas von einem kleinen Ort in Nordkamerun, von Indigofärbern, die erst auf seine Anregung und in seinem Auftrag wieder blau-weiß gemusterte Tücher in Plangitechnik anfertigten. Man erinnerte sich dort noch daran, daß vor einigen Jahren noch alle Eingeborenen solche Tücher getragen hatten. Man hatte aber die Musterfärbung eingestellt, weil niemand mehr gewillt war, die durch die Musterung derart teuer gewordenen Tücher zu bezahlen. Die bedruckten Stoffe aus Europa waren billiger. Die Auftragstücher wurden ein voller Erfolg, es entstanden durch das Abbinden des Stoffes und Einbinden von ölhaltigen und dadurch wasserabweisenden Baumwollkernen unglaublich klare und schöne Stoffmuster.

Das Muster für eine Tischdecke wurde mit Stoffmalfarbe und Blättern von verschiedenen Bäumen und Sträuchern auf weißes Leinen gedruckt. Dazu bestreicht man die Ränder und Blattadern sorgfältig mit Farbe und druckt diese auf dem Gewebe ab

Oben: Dieses an japanische Malereien erinnernde Blattmotiv wurde mit Druckstempeln aus Kartoffeln und Stoffmalfarbe von Heide Gehring gedruckt
Links: Beim Marmorieren mit Stoffmalfarbe auf weißer Nessel wird die Farbe auf Tapetenkleister getropft und der Stoff daraufgelegt

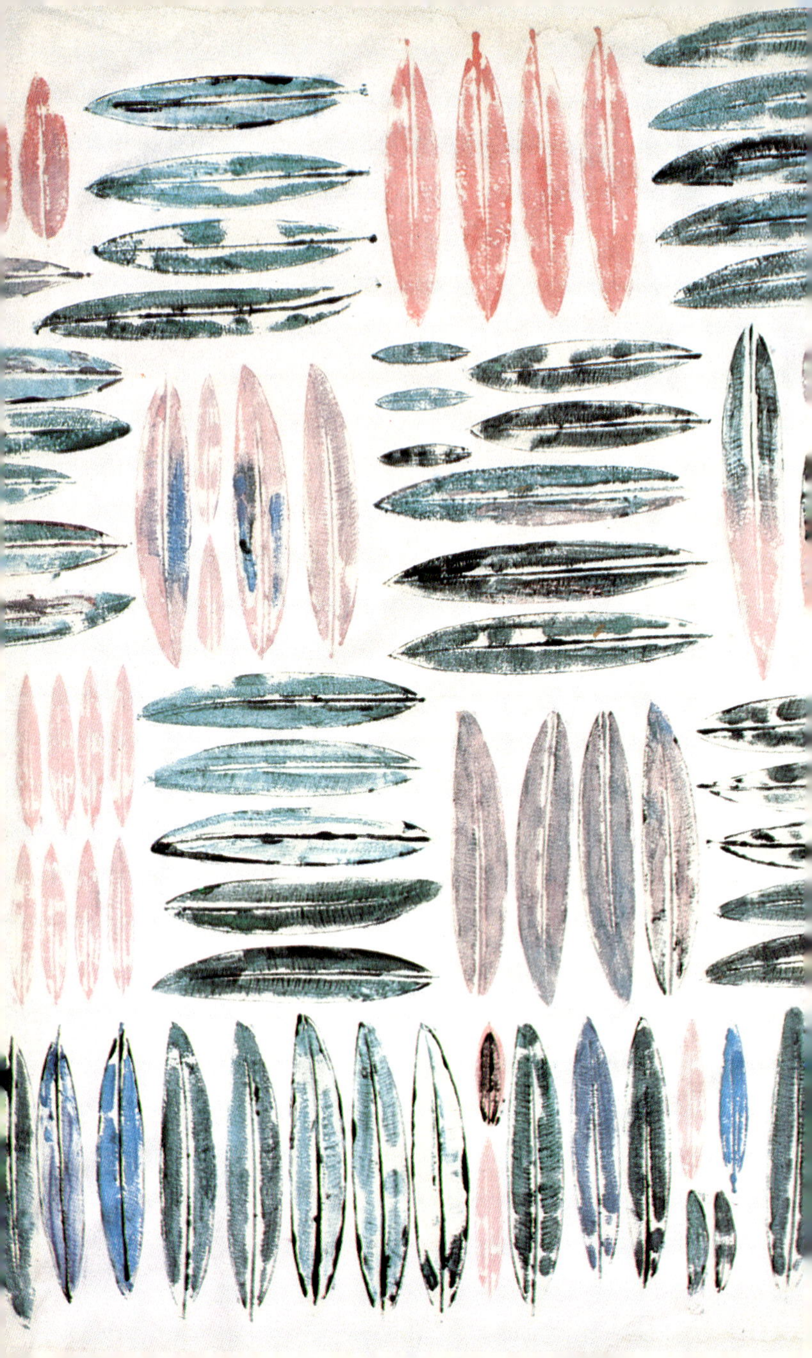

Die Abbindetechnik

Kleine Punkte oder Kreise entstehen, wenn im Stoff in regelmäßigen Abständen kleine Knötchen abgebunden werden. Mit einem weichen Bleistift oder Schneiderkreide werden die Abstände der Punkte beispielsweise jeweils 3 cm^2 angezeichnet. Dann hebt man an der angezeichneten Stelle den Stoff hoch und bindet mit einem Faden die kleine Erhebung ab. Zwischen den Erhebungen braucht der Faden nicht abgeschnitten zu werden, er kann lose hängenbleiben.

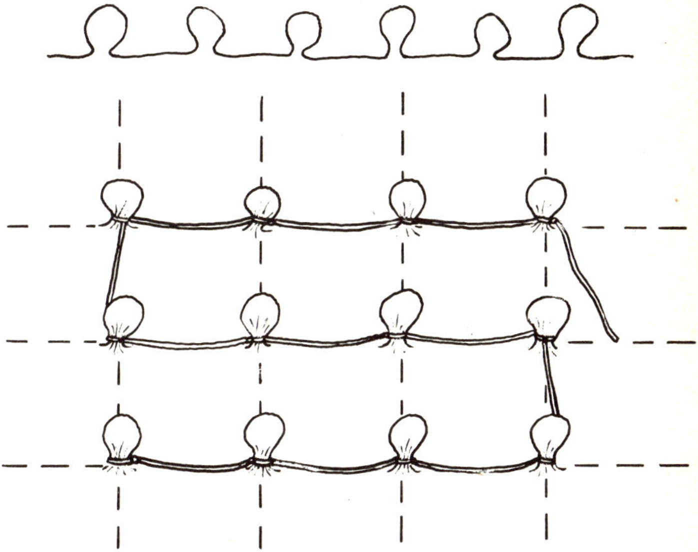

Kleine Knötchen werden in regelmäßigen Abständen abgebunden, der Stoff gefärbt

Größere runde Formen entstehen, wenn zusätzlich kleine Gegenstände wie Reis, Leinsamen, Perlen, Kieselsteine oder Nüsse eingebunden werden.

Blätter eines Oleanderbaumes wurden mit Stoffmalfarbe bestrichen, sorgfältig auf den Stoff gelegt und die Ränder des Blattes mit einem Pinselstiel sanft aufgedrückt

Größere Kreise werden erreicht, indem man Reiskörner mit einbindet

Die Abstände müssen größer sein, auf die gekennzeichneten Stellen kann man kleine Häufchen Reiskörner legen, der Stoff wird über den Körnern fest zusammengebunden.
Unregelmäßige Streifen entstehen, wenn ein Stück Stoff ähnlich einem Garnstrang aufgewickelt wird, wie dies die Zeichnung rechts unten zeigt. Man kann auch einfach ein Stück Stoff knoten, wie etwa den Knoten, den man sich zur Erinnerung ins Taschentuch knüpft. Besonders geeignet sind dazu dünne, feine Stoffe. Auch diese Knoten können in regelmäßigen Abständen plaziert werden, so daß flächige Musterungen entstehen.
Werden die Stoffe in regelmäßigen oder unregelmäßigen Abständen abgebunden, ergibt dies die unterschiedlichsten Rautenmuster.
Auf diese Art und Weise sind die selbstgefärbten T-Shirts, die in den letzten Jahren Mode waren, entstanden.

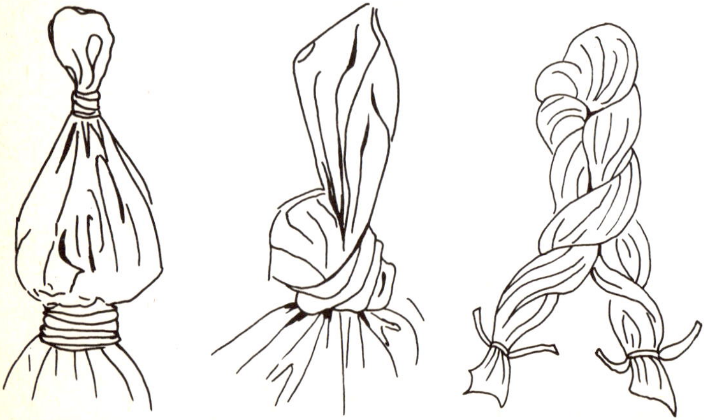

Drei Möglichkeiten, Muster durch Binden oder Knoten entstehen zu lassen

Kleine, in regelmäßigen Abständen abgebundene Knötchen ergeben lineare Rautenformen

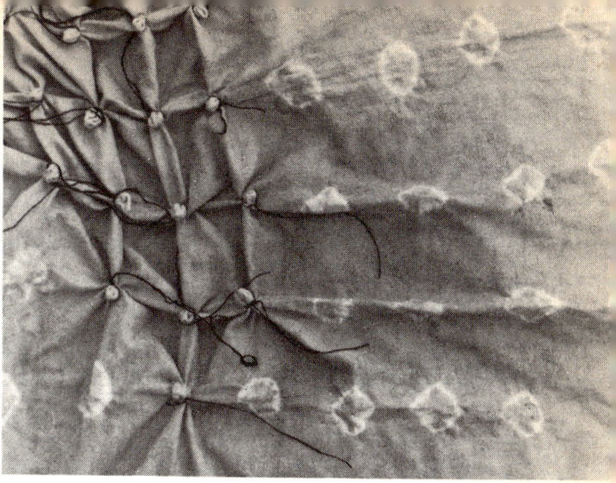

Größere, reservierte Flächen in Rautenform erreicht man, wenn man in den Stoff Reiskörner einbindet

Dies ist besonders reizvoll, wenn große Stoffflächen in regelmäßigen Abständen abgebunden werden.

Das Falten

Die ersten Übungen mit Faltfärbungen kann man mit Papiertaschentüchern wagen, reizvollere Musterfärbungen entstehen jedoch erst, wenn größere Formate verwendet werden.
Die einfachste Faltung ist die parallel zur schmalen Seite des Gewebes. Der Stoff wird im Ziehharmonikaverfahren übereinandergelegt. Es entsteht ein Paket mit schmalen, aufeinanderliegenden Streifen, sie können an Ober- und Unterkante eingetaucht werden.

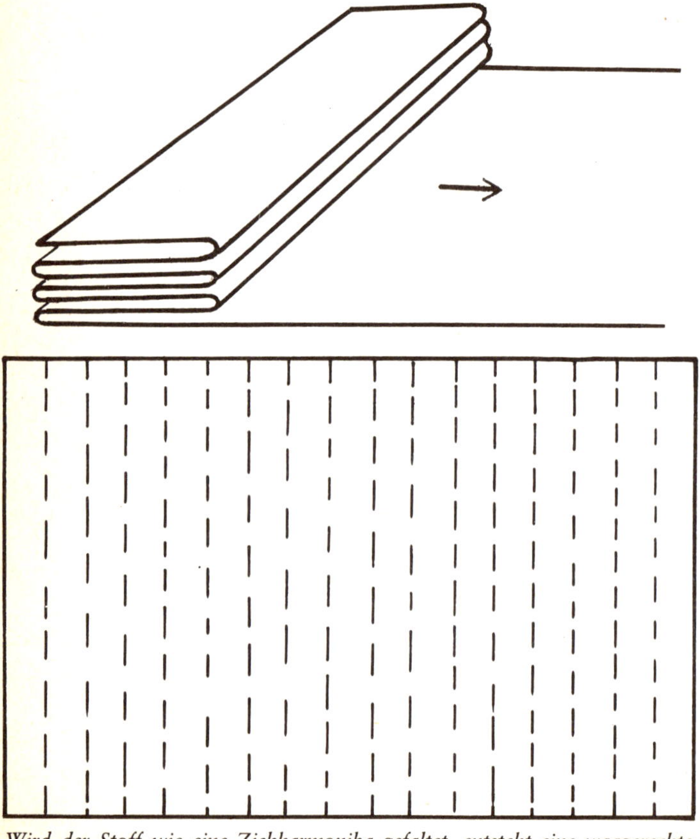

Wird der Stoff wie eine Ziehharmonika gefaltet, entsteht eine waagerechte Musterung

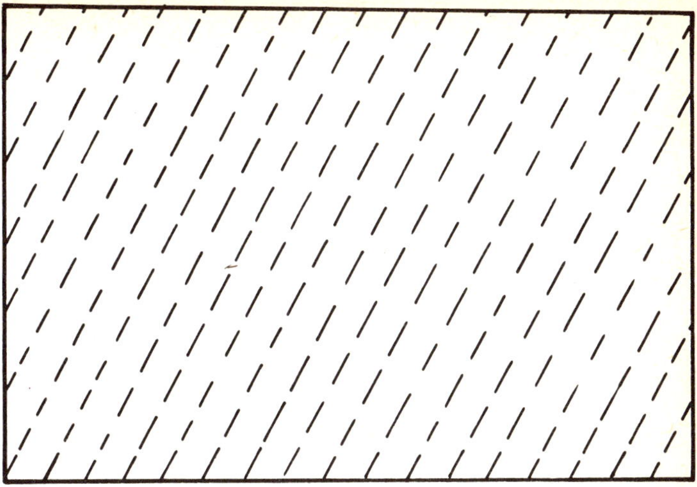

Eine schräge Faltung ergibt eine diagonale Musterung

Dabei sollte beachtet werden, daß nicht zuviel vom Untergrund ungefärbt bleibt.
Es würde hier zu weit führen, die vielen möglichen Variationen der Faltfärbung zu beschreiben, jeder sollte selbst Experimente machen. Wenn man sich zu mehreren an die Arbeit macht, entstehen an einem Abend vielleicht über 100 Muster. Die Zeichnungen links und oben stellen die Grundfaltungen dar. Selbstverständlich können gefaltete Stoffe noch zusätzlich abgebunden werden.

Tritik

Für kompliziertere Umrißlinien eignen sich abgenähte Reserven, die heute mit dem aus Java stammenden Namen *Tritik* bezeichnet werden. Während mit Plangi vorwiegend runde Formen entstehen, können in Tritiktechnik mehr lineare, geometrische Muster gearbeitet werden. Bei dem Tritikverfahren wird der Stoff nicht nur abgebunden, sondern auch zusammengezogen, plissiert, deshalb auch manchmal fälschlicherweise als Kräuselbatik bezeichnet, wobei Tritik mit Batik nichts zu tun hat, da nicht mit Wachs gearbei-

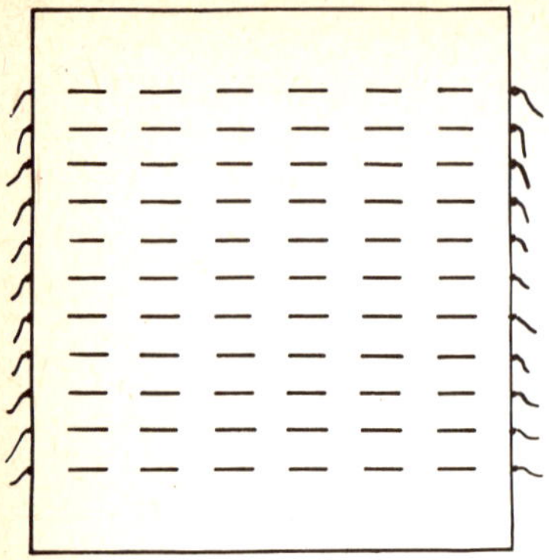

Die Zeichnungen zeigen, wie Reservierungen durch Nähen entstehen. Die Fäden werden mit einfachem Heftstich ins Gewebe eingezogen, am Anfang und Ende verknotet

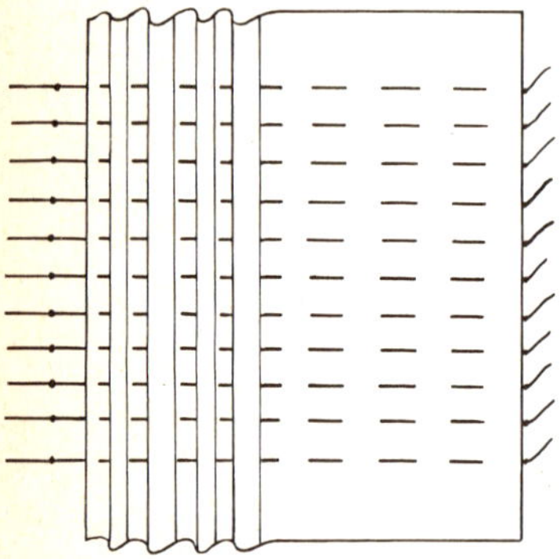

Der Stoff wird zusammengerafft, viele kleine Fältchen entstehen

Der Stoff kann auch mit Diagonalen zusammengerafft werden, dies gelingt allerdings nur mit dünnen Stoffen

tet wird. Man verwendet bei der Tritiktechnik einen Faden, der nicht so stark ist, daß er Löcher im Gewebe hinterläßt, aber andererseits kräftig genug, daß er beim Plissieren des Stoffes nicht reißt. Gut eignet sich Leinenfaden oder Knopflochseide. Grobe Stoffe lassen auch nur grobe Muster zu, Nesselstoff mittlerer Stärke ist sehr geeignet.

Kerzentropfen

Eine gute Vorübung zur Batik ist die Arbeit mit einer tropfenden Kerze, die von Fachleuten als Tachismus bezeichnet wird. Es kann jedoch auch Wachs erhitzt und mit einem Pinsel auf den Stoff gespritzt werden. Nach dem Erkalten wird der Stoff gefärbt; wie das vor sich geht, steht auf Seite 74. Das Wachs wird danach ausgebügelt, wie auf Seite 102 beschrieben.

Batik

Batik stammt aus dem Malaiischen und bedeutet »Beschriften mit Wachs«; sie ist unter den Reserveverfahren diejenige Technik, die am bekanntesten ist und seit der Zeit des Jugendstils in Europa auch im Kunstgewerbe und in der Textilkunst Anwendung findet. Batik ist seit mehreren Jahren eine beliebte textile Technik im Hobbybereich, Schulunterricht, in Volkshochschul- und Ferienkursen. Das Typische an der Batiktechnik ist, daß das Wachs heiß und flüssig aufgetragen wird; es erstarrt und kann durch Wärmeeinfluß (Bügeleisen oder heißes Wasserbad) wieder abgelöst werden. Eng verwandt ist die Batik mit dem auf Seite 21 beschriebenen Blaudruck.
Solche und ähnliche Verfahren wurden in der Vergangenheit an verschiedenen Orten der Erde praktiziert. Zur höchsten Blüte gelangte die Batik jedoch auf der indonesischen Insel Java. Es entstanden aber auch kunstvolle Batikstoffe auf den nördlich von Java gelegenen Inseln Madura, Sumatra und in Zentralcelebes. Bis Ende des letzten Jahrhunderts wurde auch in Java mit Naturfarben gefärbt. Frau Nabholz-Kartaschoff berichtet anläßlich einer

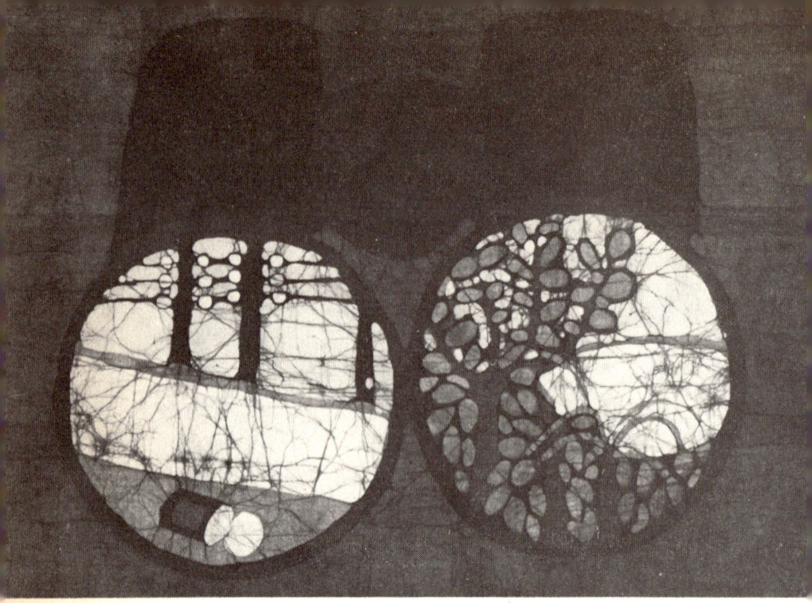

Diese Batik stellt ein Fernrohr dar. Die beiden Gläser zeigen eine Landschaft in Rosa- und Grüntönen, sie stehen auf braunem Hintergrund

Ausstellung, die 1970 im »Schweizer Museum für Volkskunde« in Basel stattfand: Die konventionelle Farbkombination innerhalb der javanischen Fürstenländer war ein rahmfarbiger Grund mit Indigoblau und Braun. Java war vermutlich schon sehr früh ein Zentrum des Indigobaus. Indigo wurde dort sowohl für die kostbaren Gewebe verwendet als auch für die typischen gestreiften und karierten Alltagsgewebe.

Als gute Blaufärber waren die Färber der Fürstenländer bekannt, die guten Indigo und gutes Wasser aus vulkanischem Gebiet verwendeten: Ein Tuch wurde dort zehn Tage lang bis Mittag in großen Bottichen gefärbt und dann aufgehängt. Der braune Farbstoff Soga wurde aus der Rinde des Soga- oder Tinjibaums gewonnen und mit anderen Substanzen wie z. B. Gelbholz vermischt. Ein Rezept vom Ende des 18. Jahrhunderts erwähnt Zucker, Kalk und Wasser; später wurde statt Kalk Alaun verwendet.

Für nördlichere Küstengebiete sind buntere Farbzusammenstellungen typisch: Leuchtendes Rot, für das die Baumwolle mit Öl und Aschenlauge vorbereitet werden mußte. Das wenig lichtechte Gelb

aus der Kurkumawurzel wurde als erste Farbe seit Beginn des Jahrhunderts in immer größerem Maße durch synthetisch hergestellten Farbstoff verdrängt.
Das typisch javanische und nur dort bekannte Gerät *Tjanting* besteht aus einem kleinen Behälter aus dünnem Kupferblech, das sofort die Wärme des geschmolzenen Wachses annimmt und mit einem leichten Griff aus Rohr oder Bambus versehen ist. Durch ein oder mehrere dünne Ausflußröhrchen fließt bei freihändigem Aufzeichnen – der Tjanting darf das Gewebe nicht berühren – Wachs auf den zu reservierenden Stoff. Das Wachs wird in einer Pfanne aus Eisen oder Ton bei möglichst gleichmäßiger Temperatur gehalten.
Seit ungefähr 1850 ist in Java neben Handbatik ein neues Verfahren getreten, die Stempelbatik, die Arbeit des Wachsauftrages wurde rationalisiert. Brauchte man früher für das Reservieren eines Tuches 12 bis 15 Tage, schafft ein geübter Tjap-Arbeiter – nur Männer üben diesen Beruf aus – bis zu 20 Tücher pro Tag. Gute Tjap-Gewebe sind auch von der Rückseite her mit spiegelbildlichgleichen Stempeln bedruckt.

Material und Technik

Für Batik gilt generell dasselbe, was zum Thema »Färben in Bottichen« auf Seite 74 zu lesen ist. Hier sollen nur die Informationen gegeben werden, die darüber hinaus für die Batiktechnik von Bedeutung sind. Wie Stoffe fürs Färben vorbehandelt werden, steht auf Seite 32, dabei ist für die Batik noch von Bedeutung, daß dünnere Stoffe heller werden als dickere und bei dünnen Stoffen das Wachs oft schwieriger aufzutragen ist als bei dickeren.

Der Arbeitsplatz

Batikt man große Flächen, so wird man das im Stehen tun, die Höhe der Arbeitsfläche sollte dem gerecht werden. Wer kleinere Flächen bearbeitet, kann das an einem normalen Schreibtisch verwirklichen. Kostbare Arbeitsunterlagen sollten vor Arbeitsbeginn mit mehreren Lagen Zeitungspapier abgedeckt werden. Der Arbeitsplatz sollte gut beleuchtet sein.

Das Wachs

Echtes Bienenwachs ist das ideale Batikwachs, da es aber sehr teuer ist, wird oft als Ersatz Paraffin verwendet. Dieses wiederum ist sehr brüchig, so daß es sich nur in einer Mischung von mindestens 30% Bienenwachs und 70% Paraffin für Batik eignet. Je höher der Anteil von Paraffin, desto ungeeigneter ist die Mischung für einen Auftrag im Tjanting. Arbeitet man also mit dem Tjanting, sollte man auf jeden Fall 50% Bienenwachs zugeben.
Das Wachs wird im Wasserbad erhitzt, der Feuergefahr wegen sollte es nie direkt auf einer Kochplatte oder einer Gasflamme erhitzt werden. Ist das Wachs geschmolzen, nimmt man es sofort vom Feuer; bei zu starker Hitze fängt es zu brennen an, meistens mit einer Stichflamme. Es hat sich bewährt, das Wachs im Wasserbad auf dem Herd zu schmelzen und es dann an den Arbeitstisch zu nehmen und auf einem Stövchen warm zu halten. Man kann auch einen Spirituskocher, wie man ihn für den Fonduetopf verwendet, zweckentfremden. Wichtig ist, daß auf diesen provisorischen Wärmevorrichtungen das Wachs nicht zu heiß wird, sondern eben gerade so, wie man es für die Arbeit braucht. Das Wachs muß den Stoff völlig durchdringen. Steht es weiß auf der Oberseite, war es zu kalt. Dies gilt sowohl für den Auftrag mit dem Tjanting als auch für den Auftrag mit dem Borstenpinsel. Bevor nach einem Färbebad ein neuer Wachsauftrag erfolgen kann, muß der Stoff immer wieder trocken sein.

Pinsel

Für den Auftrag größerer Flächen wird ein Borstenpinsel verwendet. Weiche Haarpinsel sind nicht gut geeignet, da die Spitzen zu leicht im heißen Wachs verbrennen.

Dieses Muster entstand durch Abbinden des Stoffes

Der Tjanting

Es gibt verschiedene Ausführungen von *Tjantings*. Aber sie bestehen immer aus Wachskännchen aus Kupfer mit feinem Ausflußrohr, man kann sie in Hobby- oder Malbedarfsgeschäften kaufen. Bevor man mit dem Auftragen durch den Tjanting beginnt, er-

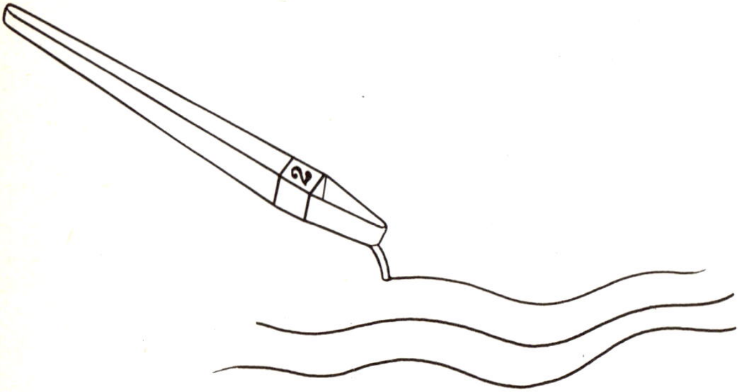

Die Nummer auf dem Tjanting gibt Auskunft über die Stärke der Linie

wärmt man ihn in flüssigem Wachs, er wird dann mit Wachs gefüllt, seine untere Seite wird mit einem Lappen gesäubert; bis kurz bevor man mit dem Wachsauftrag beginnt, hält man den Lappen unter das Röhrchen, damit nicht zu früh Wachs ausfließt. Wer zum ersten Mal mit dem Tjanting arbeitet, sollte auf einem Stoffrest üben, um Erfahrung zu bekommen mit dem herausrinnenden Wachs.

Der Batikrahmen

Als Batikrahmen kann ein Bilderrahmen verwendet werden oder einer der käuflichen Rahmen, die vom Format her allerdings oft viel zu klein sind. Der Stoff wird mit Reißzwecken auf dem Rahmen befestigt. Wichtig ist, daß beim Auftragen des heißen Wachses der Stoff nicht auf der Unterlage aufliegt, da sonst das Wachs nicht richtig ins Gewebe eindringen kann.

Strukturen aus der Natur, wie hier Risse und Spalten im Fels, können Vorbilder für die Strukturen sein, die Krakeluren bei der Batik darstellen. Die quer verlaufenden Risse folgen einander in knappen Abständen. Motive treten zurück.

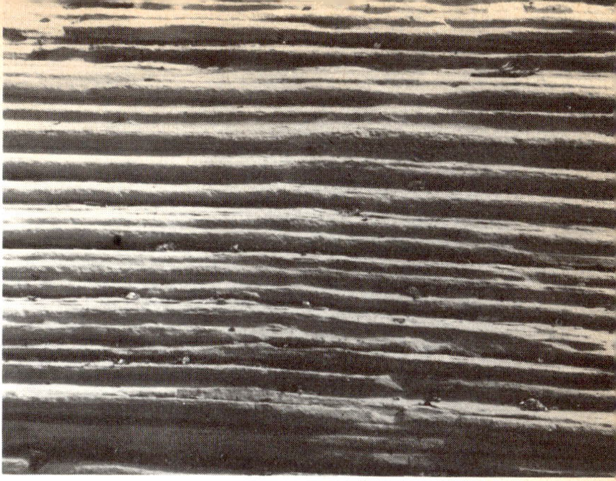

Hier sind die Abstände zwischen den Rissen größer, die Motive werden bei einer Batik besser sichtbar

In die quer verlaufenden Risse sind zusätzlich diagonale Risse eingebrochen

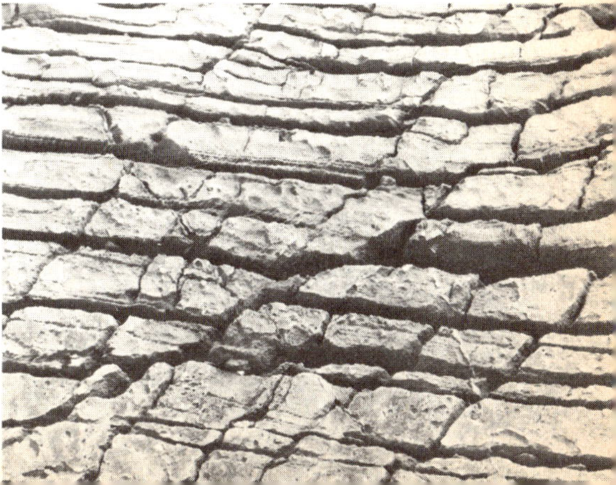

Krakeluren

Charakteristisches Merkmal einer Wachsbatik sind die *Krakeluren*. Sie entstehen, wenn das Wachs bricht und Farbe in die reservierte Fläche eindringt. Es ist wichtig, diese Krakeluren mit in die Gestaltung einzuplanen, dazu muß man jedoch Kenntnis von ihrer Entstehung haben. Am besten färbt man sich dazu ein Probestück ein. Ein weißes Tuch wird völlig mit Wachs bedeckt, nach dem Erkalten bricht man das Wachs in vertikaler Richtung, taucht das Ganze in ein hellgelbes Färbebad und läßt es trocknen. Danach bestreicht man die Brüche wieder mit Wachs und bricht nach dem Erkalten horizontale Krakeluren. Das Tuch wird dann in ein schwarzes Färbebad gegeben. Es sind markante Krakeluren in Gelb und Schwarz und unterschiedlicher Richtung entstanden.

Das Färbebad

Eine Besonderheit ist, daß mehrere Male hintereinander gefärbt wird und immer wieder andere Farbflächen reserviert werden können. Dabei wird stets die hellste Farbe zuerst, die dunkelste Farbe zuletzt gefärbt. Es können auch bereits fertig gefärbte Flächen frei bleiben und mit einer neuen Farbe überfärbt werden. So kann eine gelbe Fläche durch Überfärben mit Blau grün, eine rote durch Überfärben mit Blau violett werden. Das Färbebad darf nie über 30 °C betragen, deshalb können auch nur diejenigen Farben verwendet werden (DEKA Serie L oder Batika), die bei dieser Temperatur bereits wirksam werden. Wird das Färbebad zu heiß, schmilzt das Wachs, und in die reservierte Fläche gerät Farbe.

Das Ausbügeln

Zuletzt wird das Wachs ausgebügelt. Dies kann zwischen Zeitungspapier geschehen, es empfiehlt sich aber, über und unter die Batik Seidenpapier zu legen, damit nicht die Druckerschwärze auf die Batik abfärbt. Aus diesem Grunde sollten auch nie zu »frische« Zeitungen verwendet werden.

Stoffdruck

Die meisten der gemusterten Stoffe sind maschinell bedruckt. Stoffdruck als künstlerische Gestaltungstechnik ist ein Bedrucken des Stoffes mit selbstgemachten Stempeln. Ihr Muster wird nie so perfekt wie die maschinell gedruckten sein, deshalb sollte man auch nicht versuchen, sie nachzuahmen, sondern versuchen, einfache und originelle Muster zu wählen. Das Grundprinzip: Aus einem der unten beschriebenen Materialien wird ein Stempel geschnitten. Dieser wird möglichst gleichmäßig mit Farbe bestrichen und auf einfarbigen Stoff abgedruckt.
Es ist also ein anderes Verfahren als beispielsweise Drucken auf Papier, wo möglichst viele Exemplare eines Motives oder einer Schrift hergestellt werden. Mit einem Stempel werden durch Wiederholung Muster geschaffen; die Stempel sind mehr oder weniger haltbar, je nachdem, aus welchem Material sie sind.

Farben

Für das Bedrucken von Stoffen mit verschiedenen Stempeln, für das Marmorieren sowie die Stoffmalerei werden spezielle Stoffmalfarben verwendet, die es in vielen Farbtönen von verschiedenen Herstellern zu kaufen gibt. Mehr darüber im Bezugsquellennachweis.
Besonders geeignet sind DEKA-Permanentfarben, sie sind – wie auch alle anderen Stoffmalfarben – wasserlöslich, sie sind auf Naturfasern hoch lichtecht, waschmaschinenfest – Stoffe mit diesen Farben können bei 60° gewaschen werden, sollten aber nicht chemisch gereinigt werden. Ist das Muster fertig gemalt oder gezeichnet, wird der Stoff auf der Rückseite gebügelt – so heiß wie er es verträgt. DEKA-Bügelfarben werden zuerst auf Papier als Entwurf gemalt und dann mit einem heißen Bügeleisen auf einen Stoff übertragen. Diese Farben eignen sich jedoch nur für Kunstfasern wie beispielsweise Polyester.

Das Ornament

Dies ist die lateinische Bezeichnung für Verzierungsform oder Zierform. Jeder, der mit dem Bedrucken eines Stoffes beginnt, wird mit dieser Urform des menschlichen Schmuckbedürfnisses konfrontiert. Es ist dabei eines der einfachsten Gestaltungsmittel, durch das Aneinanderreihen von vielen gleichen Motiven ein Muster zu erzielen. Man kann mehrere Einzelmotive zu einer Zeile oder mehreren Zeilen aneinanderreihen, man kann aber auch mit vielen gleichen Mustern Flächen füllen. Die regelmäßige, rhythmische Wiederkehr eines Musters wird auch Rapport genannt. Auf den Fotos Seite 110 sind die einfachsten geometrischen Motive zu Reihen geordnet.
Das Foto Seite 10 zeigt eine peruanische Webarbeit, die trotz ihrer Unregelmäßigkeiten eine hervorragende flächenfüllende Wirkung ergibt.

Das Stempelkissen

Dazu verwendet man eine wasserundurchlässige Unterlage wie etwa Resopal oder Glas. Darauf wird ein Stück Stoff doppelt gelegt, auf das nun die Farbe aus dem Glas gegeben wird. Die Druckstempel werden nun auf diesem Stempelkissen mit Farbe getränkt. Dies ist eine sehr bequeme Art, Farbe aufzunehmen, der Verbrauch der Farbe ist jedoch sehr groß. Sparsamer ist es, mit einem Flachpinsel mit Borsten die Farbe direkt aus dem Glas auf dem Stempel aufzutragen. Die Farben können auch noch auf einem Teller gemischt werden.

Gemüsedruck

Zum Drucken auf Stoff eignen sich hervorragend Druckstempel aus dem Garten oder dem Gemüseladen. Paprika, Lauch, Knoblauch, Birnen, Äpfel geben interessante Einzelmotive und Ornamente. Gemüse mit sehr viel Feuchtigkeit sollten vor dem Drucken an ihren Schnittflächen einige Stunden trocknen.

Die asymmetrische Anordnung läßt eine veränderte Bildwirkung entstehen

Mit Blättern drucken

Die Oberfläche von Blättern nimmt kein Wasser an, aber auch kaum Farbe. Es kann nur mit dünnem, nicht zu wäßrigem Farbauftrag gearbeitet werden, weil es sonst kleckst. Mit einem Farbauftrag kann nur einmal abgedruckt werden. Bei jeder Art von Blättern muß einzeln ausprobiert werden, auf welche Weise am besten die Farbe aufgetragen wird, damit ein sauberer Abdruck gewährleistet ist. Es sollte auf einer weichen Unterlage gedruckt werden; der Farbauftrag auf das gesamte Blatt erfolgt mit dem Flachborstenpinsel, vor allem mit dem Ziel, mit der gesamten Blattfläche zu drucken. Besonders reizvoll ist die Verwendung von Blättern mit starken Blattadern. Es werden sehr sorgfältig nur die Adern mit dem Pinsel und Farbe bestrichen, so daß beim Drucken nur das Adernetz sichtbar wird. Bei manchen Blattadern kann man sich das einzelne Bestreichen der Adern dadurch ersparen, daß

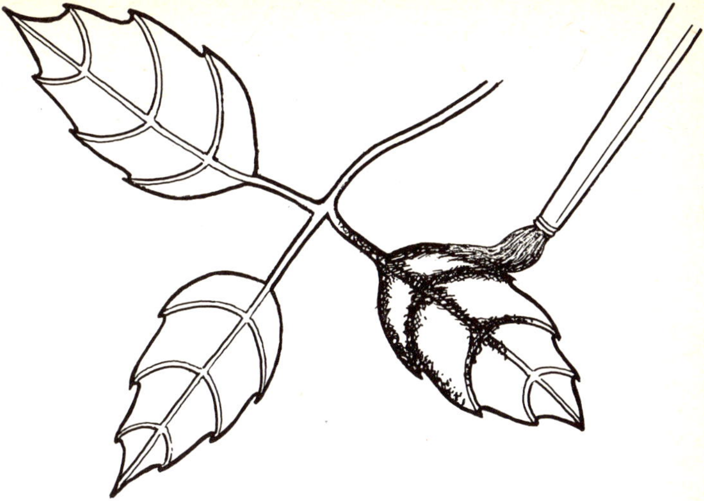

man auf einer glatten Fläche, beispielsweise einer Glasplatte in der Größe des Blattes, Farbe aufstreicht und das Blatt so darauf legt, daß nur die Adern Farbe annehmen. Den Blattrand kann man als Kontur dadurch deutlich machen, daß man ziemlich feste Farbe am Blattrand mit einem Flachpinsel gleichmäßig abstreift. Beim Drucken mit Blättern muß man besonders sorgfältig arbeiten, damit der Druck nicht durch alle möglichen Farbkleckse um den

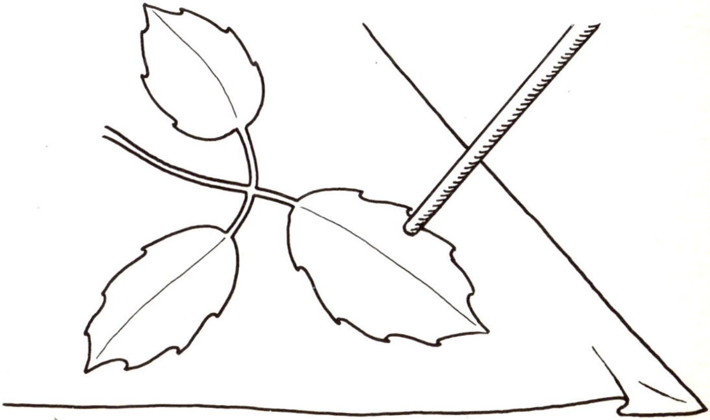

Bevor man mit Kartoffeln druckt, sollte ein Entwurf auf Papier angefertigt werden, wobei der Stempel von selbst auf der feuchten Schnittfläche haftet

sonst recht gelungenen Druck herum verdorben wird. Diese Farbkleckse übertragen sich vor allem von den Fingern auf den Stoff, da man die Blätter beim Farbauftrag in den Fingern hält und sie immer etwas Farbe abbekommen.
Der Abdruck auf Stoff kann mit den Händen, Holzstäbchen, mit einer Linoldruckwalze oder einem Nudelholz erfolgen. Es hat sich auch, besonders bei gewellten und gefiederten Blättern, die nicht von vornherein plan aufliegen, bewährt, das mit Farbe bestrichene Blatt vorsichtig auf den Stoff zu legen und mit einer Glasplatte anzudrücken.

Kartoffeln

Der einfachste Stempel aus einer Kartoffel ist, sie so, wie sie aus der Erde kommt, zum Drucken zu verwenden. Dazu wäscht man sie, schneidet ein paar Kartoffeln mit einem scharfen Messer mit glatter Kante durch, um die Schnittflächen zu besehen und auszuwählen, welche Form zum Druck geeignet ist. Ein Probeabdruck kann

Einfache geometrische Motive eignen sich gut für Kartoffeldruck; man kann Flächen bedrucken, aber auch Reihen für Ränder oder Rahmen gestalten. Das Motiv auf Seite 111 ist ebenfalls mit Kartoffeln gedruckt worden

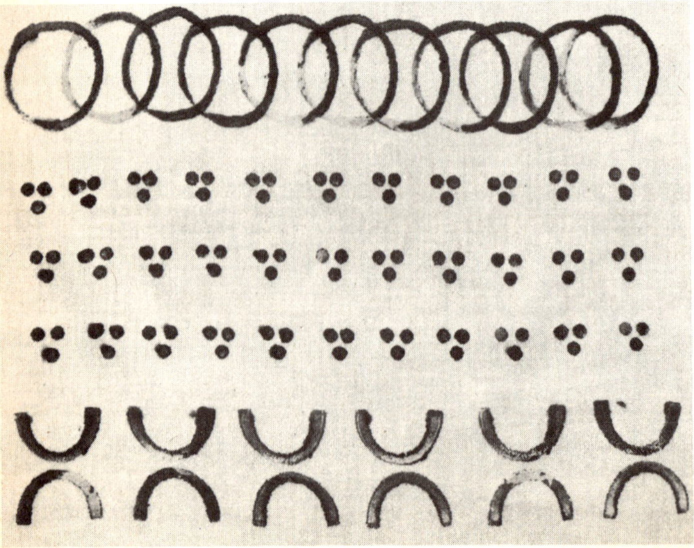

einfach mit der Kartoffel ohne Farbe auf Stoff erfolgen; die Feuchtigkeit der Kartoffel drückt die Form auf den Stoff ab.
Nun lassen die Kartoffeln als Form nur eine begrenzte Anzahl von Motiven zu. Mehr Motive entstehen, wenn die Kartoffel auf ein Motiv zurechtgeschnitten wird. Man verwendet dazu ein scharfes Küchenmesser (ebenfalls mit glatter Kante) oder ein Taschenmesser. Mit diesen Stempeln wird im Stempelkissen Farbe aufgenommen, und dann werden Abdrücke auf den Stoff gemacht, oder die Farbe wird mit dem Pinsel aufgetragen.
Man kann nun nach jedem Abdruck den Stempel neu mit Farbe sättigen oder aber mehrere Abdrücke damit machen. Das Foto Seite 110 zeigt, welch reizvolle Hell-Dunkel-Wirkung mit einem einfachen, rechteckigen Kartoffelstempel erreicht werden kann. Wer komplizierte Motive mit Kartoffeln drucken will, kann sie sich auf Papier vorzeichnen, dann ausschneiden, auf die Kartoffel legen und die Kartoffelkonturen der Papierschablone nach herausschneiden. Was positive und negative Stempel sind, steht auf Seite 117.
Kartoffelstempel sind vergänglich. Je nach Feuchtigkeit können sie ein paar Stunden benutzt werden. Macht man eine Pause, sollte

man die Farbe abwaschen, da sie die Kartoffel zerstört; über Nacht können diese Stempel nicht aufbewahrt werden. Das sind die Nachteile dieser Stempel, die sonst recht viele Möglichkeiten bieten.

Schrauben, Schnüre, Klammern

Mit den kuriosesten Materialien aus unserer Umgebung kann man drucken, es gilt nur, mit wachem Auge herumzugehen und die Verwendbarkeit zu prüfen. Wichtig sind eine klare Form und eine interessante Struktur. So können Schrauben, Schnüre oder Klammern auf ein Stück Holz aufgeklebt werden. Auch mit Kordeln können reizvolle Musterungen entstehen.

Der Linolschnitt

Der Linolschnitt ist eine Technik, die dem Holzschnitt sehr verwandt ist. Der Holzschnitt, auch Xylographie genannt, wird heute noch zur Buchillustration verwandt, fand aber früher auch bei der Textilgestaltung hin und wieder Verwendung. Beim Holzschnitt wurde der Druckstock mit Schnitzmessern aus Birnbaumholz ausgeschnitten, das Motiv dann seitenverkehrt ausgeschnitzt, die Zeichnung erschien als erhöhte Stege quer zur Faserrichtung.
Linoleum ist wesentlich weicher als Holz und wird deshalb sowohl im Werkunterricht als auch für den Hausgebrauch vielfach als Material für Druckstempel verwendet. Die Zeichnung wird mit kleinen Messern eingeschnitten. Gegenüber Holz als Druckstock hat Linoleum einen weiteren Vorteil: Es kann mit einer völlig ebenen Oberfläche gedruckt werden, die Strukturen müssen nicht wie beim Holz (sie können auch sehr reizvoll sein, was jedoch sehr viel Erfahrung im Umgang mit Material und Technik voraussetzt) in die Gestaltung miteinbezogen werden.
Im Vergleich zum Kartoffeldruck ist der Linoldruck aufwendiger und zeitraubender, dafür sind die Stempel aber auch unbegrenzt haltbar, das heißt, man kann sich ihnen mit großer Sorgfalt widmen und sie immer wieder weiterverwenden. Die Stempel müssen nach Gebrauch gründlich gereinigt werden.

Linoleum

Linoleum ist die lateinische Bezeichnung für Korkteppich, es ist vor allem ein elastischer, dauerhafter Belag für Fußböden aus Korkmehl, Harzen, Leinöl, Farbstoffen und Jutegewebe. Die in Teppichläden manchmal noch erhältlichen Linolreste sind meist ungeeignet, weil sie zu hart sind. In Hobby- und Schreibwarengeschäften gibt es zum Drucken geeignete Linolplatten von 3 bis 4 mm Stärke zu kaufen. Ist eine Platte zu groß, will man also

Dieser kunstvoll geschnittene Linolstempel ist 15 cm hoch

wesentlich kleinere Stempel anfertigen, so schneidet man mit einem Schneidemesser an einem stabilen Lineal entlang das Linoleum leicht ein, die Platte wird dann der Ritze entlang abgebrochen.

Linolschnittwerkzeuge

Die Werkzeuge zum Herausschneiden der Motive gibt es in Geschäften mit Abteilungen für Mal- und Zeichenbedarf zu kaufen. Es gibt drei verschiedene Arten von Schneidemessern: Einmal ein Messerchen mit kleiner Klinge zum Herausschneiden von Linien und Konturen, dann den V-förmigen *Geißfuß,* der für mittelstarke Linien verwendet wird, ihn gibt es in verschiedenen Breiten zu kaufen und schließlich ein U-förmiges Hohleisen, auch Rundmesser genannt, das zum Ausschneiden größerer Flächen verwendet wird. Diese Linolschnittmesser können, wenn sie einmal stumpf geworden sind, nicht geschliffen werden. Es empfiehlt sich deshalb, gleich einen größeren Vorrat zu besorgen. Linol kann man auch mit wesentlich teureren Schnitzwerkzeugen bearbeiten, diese können, wenn sie einmal stumpf geworden sind, auch geschliffen werden.

Farben für Linoldruck

Die am meisten verwendete Farbe für Linoldruck auf Papier ist eine nicht wasserlösliche Farbe auf Ölbasis; genauere Angaben findet man im Anhang dieses Buches. Alle Arbeitsgeräte und Werkzeuge, die mit diesen Farben in Berührung gekommen sind, müssen mit Terpentin gereinigt werden. Um diese Linoldruckfarbe

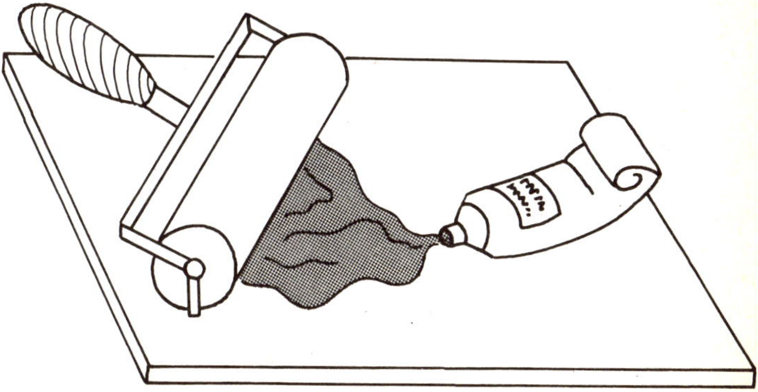

Die Linoldruckfarbe wird mit der Druckwalze auf der Glasplatte verteilt

gleichmäßig auf den Stempel auftragen zu können, drückt man ein wenig von der Farbe auf eine Glasplatte und rollt mit einer Gummiwalze mehrmals hin und her, bis die Farbe wie ein zarter Film gleichmäßig auf der Walze verteilt ist. Diese rollt man dann mehrmals über den Stempel, so daß die Farbe auch hier gleichmäßig verteilt ist.
Will man zartere Farbwirkungen bei den Abdrucken erreichen oder ist die Farbe etwas zu dickflüssig geworden, so gibt man etwas Terpentin dazu.
Auf Stoffe kann man mit Stoffmalfarben drucken. Sie sind in vielen Farbtönen erhältlich, und sie können mit einem Pinsel direkt auf den Stempel aufgetragen werden. Für größere Stempel (wie beispielsweise auf dem Foto Seite 114) kann auch ein Borstenpinsel verwendet werden.

Der Druckstempel

Die technischen Probleme, ein Motiv in Linoleum einzuschneiden, lassen sich rasch bewältigen: Aus kleinen Linolstücken können einfache geometrische Motive ausgeschnitten werden, woraufhin auf Stoffresten die ersten Versuche gemacht werden können. Weitaus größere Probleme treten bei der Überlegung auf, welche Motive sich für Linoldruck besonders eignen. Dafür sollen hier einige Anregungen gegeben werden.
Beim Linoldruck gibt es die Möglichkeit, ein Motiv sorgfältig auszuarbeiten; dieses Motiv kann für verschiedene Gegenstände als einzelnes Gestaltungselement immer wieder Verwendung finden. Der noch größere Reiz des Druckens liegt jedoch in einer rhythmischen Aneinanderreihung von einfacheren Motiven. Die Zwischenräume bestimmen das Verhältnis von Hintergrund und Muster.
Es lohnt sich, mit den vielen Möglichkeiten, die das Ornament als Reihen- oder Flächengestaltung bietet, zu spielen. Ungeübten wird dies kaum gelingen, wenn sie sofort mit dem Abdrucken des Stempels beginnen. Es empfiehlt sich deshalb, einen Entwurf anzufertigen, an den man sich jedoch bei der Arbeit nicht sklavisch zu halten braucht. Ein Entwurf dient vor allem dazu, sich vor Arbeits-

Beim Positivstempel wird das Feld um die Blume herum abgehoben, die Blume bleibt erhöht stehen

Beim Negativstempel bleibt das Feld um die Blume stehen, die Blume selbst wird herausgeschnitten

beginn mit Problemen, die bei der Gestaltung auftauchen, auseinanderzusetzen.
Auch für einen einzelnen Stempel kann man einen Entwurf auf Transparentpapier machen, ihn dann auf die Linolplatte legen und die Umrisse mit einem spitzen Gegenstand nachfahren. Die Motive müssen auf dem Stempel spiegelbildlich angelegt werden, dies muß vor allem bei Schriften beachtet werden. Verwendet man einen Stempel häufig, lohnt es sich, das Linoleum auf ein Holzstück zu leimen, an das man zusätzlich ein kleines Holzstück als Griff leimt. Dies empfiehlt sich vor allem bei größeren Stempeln.

Das Drucken

Der zu bedruckende Stoff (am besten eignet sich naturfarbenes oder weißes Leinen oder Nessel) wird von der Appretur befreit (siehe auch Seite 32), gebügelt und auf einen weichen Untergrund gelegt und eventuell mit Stecknadeln befestigt. Eine Wolldecke eignet sich gut als Untergrund, aber auch Zeitungen können verwendet werden. Wer häufig größere Flächen bedruckt, benötigt eine große Arbeitsfläche; auf dem Boden zu arbeiten ist allerdings auf die Dauer sehr unbequem.

Verwendet man Linoldruckfarbe, sollte das Gewebe leicht angefeuchtet werden. Arbeitet man nach einem Entwurf, der ein exaktes Muster vorsieht, können mit Schneiderkreide Hilfslinien auf den Stoff gezeichnet werden, nach denen man sich dann beim Drucken richten kann. Diese sind insbesondere bei den Abständen sehr hilfreich.

Der Linolstempel, auf den die Farbe gleichmäßig aufgetragen wird, muß mit großem Druck, aber ohne ihn hin und her zu rutschen, auf den Stoff aufgelegt werden. Den großen Druck kann man erreichen, indem man die Handflächen auf den Stempel legt und ihn mit dem Gewicht des Körpers aufdrückt; manche verwenden auch einen Holzhammer oder Treibhammer aus der Metallbearbeitung, die jedoch ziemlich teuer sind.

Unsaubere Drucke entstehen meist dann, wenn zu wenig oder aber zu viel Farbe auf den Stempel aufgetragen wurde. Hat man zu wenig Farbe aufgetragen, wird der Druck zu flau und zu blaß, hat man zu viel Farbe aufgetragen, erscheinen auch Flächen, die herausgeschnitten sind, und das Motiv wirkt unsauber.

Das Marmorieren

Es ist ein altes Kunsthandwerk, Vorsatzblätter und Bucheinbände von kostbaren Büchern zu marmorieren. Die Buchbinder rieben sich die Farbpigmente selber an und gaben sie verdünnt in eine Wasserwanne. Die öligen Farben schwammen auf der Oberfläche und erzeugten interessante Muster, deren Wirkung noch durch Ochsengalle gesteigert wurde: Sie zersprengte die Farben, und es ergaben sich die charakteristischen Muster. Auf die Oberfläche des Wassers wurden dann die kostbaren Büttenpapiere gelegt und so eingefärbt. Nach diesem Vorbild aus der Vergangenheit kann man auch Stoffe marmorieren. Geeignet sind dünne Stoffe und Nessel,

Die Stoffmalfarbe wird auf eine dicke Schicht Tapetenkleister gegeben, während die Farbtropfen mit einem »Kamm« verteilt werden

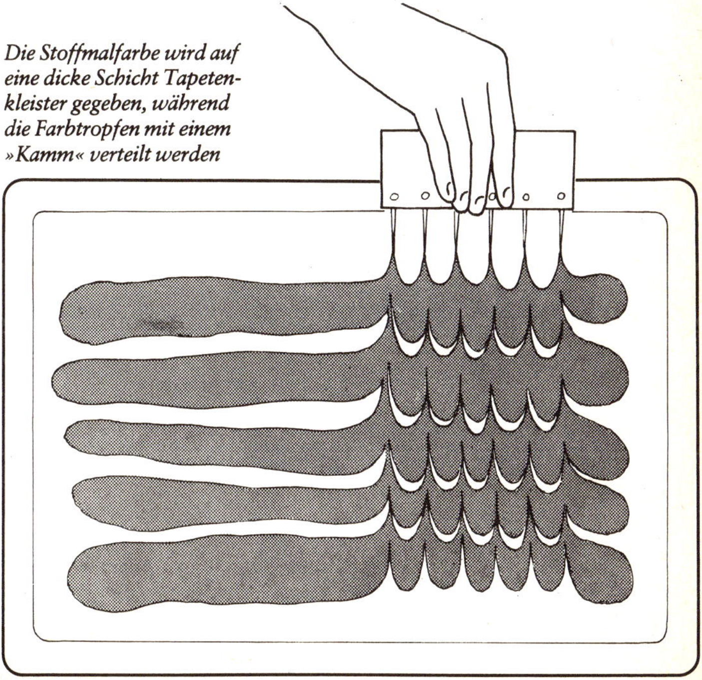

Hier wurden die Farbtropfen längs und quer verteilt

die man zuvor von ihrer Appretur befreit hat. Gefärbt wird mit Permanent-Stoffmalfarbe. Sie wird etwas verdünnt und mit Hilfe einer Pipette für Arzneitropfen aus der Apotheke tropfenweise auf Tapetenkleister gespritzt. Man besorgt sich am besten gleich mehrere von diesen Tropfröhrchen, für jede Farbe eins, da sie nur schwer zu reinigen sind.

Der Tapetenkleister wird in einem Eimer angerührt. Man rechnet dafür etwa mit einem Eßlöffel Pulver auf einen Liter Wasser. Der Kleister muß nach dem Anrühren erst einige Stunden stehen, damit sich die Luftblasen auflösen. Danach wird der Kleister in eine flache Wanne gegeben. Am geeignetsten sind größere Backbleche mit geschlossenen Seiten. Die Muster können natürlich nur in den Maßen der Wanne marmoriert werden. Am besten marmoriert man im Bad, wenn es im Freien nicht möglich ist. Kostbare Böden sollten sorgfältig mit Zeitungspapier abgedeckt werden.

Die Stoffmalfarbe sinkt nur langsam oder gar nicht in den Kleister ein, so daß auf der zähen Oberfläche Muster damit erzeugt werden können. Eines der klassischen Verfahren ist das Musterbilden mit einem Spezialkamm, wie er heute kaum noch erhältlich ist. Für den Tapetenkleister sind die Zinken eines normalen Haarkamms leider nicht lang und spitz genug; gut geeignet ist dagegen die beim Weben verwendete Anschlaggabel.

Man kann sich ein solches Gerät jedoch auch selbst anfertigen. In ein Stück Karton steckt man Nadeln im Abstand von einem Zentimeter. Diese Zinken bewegen nun die Farbe auf dem Tapetenkleister. Die Ergebnisse sind vorwiegend dem Zufall überlassen, man kann jedoch nach einiger Erfahrung bestimmte Muster auch gezielt erreichen. Ebenso kann man Muster mit einem Holzstäbchen oder dem Ende eines Pinselstiels bilden. Der Stoff wird angefeuchtet, auf den Kleister und die Farbe gelegt und mit den Handflächen leicht angedrückt. Am gleichmäßigsten kann der Stoff mit einer Druckwalze durch vorsichtiges Auf- und Abrollen angedrückt werden.

Dann wird der Stoff vom Kleister genommen und unter fließendem Wasser ausgewaschen. Die Farben werden durch Bügeln von der Rückseite noch einmal zusätzlich fixiert. Ist der Stoff noch etwas sperrig, kann man die letzten Reste des Tapetenkleisters mit warmem Wasser auswaschen.

Stoffmalerei

Unter Stoffmalerei versteht man eine Gestaltungstechnik, die mit Pinseln und Stoffmalfarbe auf einem Stoffuntergrund ausgeführt wird. Ganz feine Linien oder eine Schrift können auch mit dem Tjanting (siehe Seite 100), den man vorwiegend zum Batiken benutzt, gezogen werden. Als Untergrund eignen sich besonders helle, einfarbige Baumwollstoffe, die zuvor von ihrer Appretur befreit werden müssen (siehe Seite 32). Bei dünnen Stoffen ist ein Rahmen nötig, damit der Stoff nicht direkt auf einer Fläche aufliegt. Am meisten geeignet sind diejenigen Rahmen, die auch für Batik verwendet werden. Dickere Stoffe kann man auf eine dünne Schaumgummifläche legen; die Stoffe sollten jedoch nie nur auf einer Zeitung oder auf Holz aufliegen.
Die Größe der Pinsel, die man verwendet, hängt von der Art der Gestaltung ab, wichtig ist jedoch, gute Pinsel zu benutzen. Auf Seite 130 ist die Bezugsquelle für speziell zur Stoffmalerei geeignete Pinsel zu finden.
Konturen einer Zeichnung können mit Wäschetinte ausgeführt werden. Wer Motive auf dem Stoff vorzeichnen will, kann dies mit einem weichen Bleistift oder mit einer Schneiderkreide tun. Man kann einen Entwurf auch mit weichem Bleistift seitenverkehrt auf Transparentpapier aufzeichnen. Die Zeichnung wird direkt auf

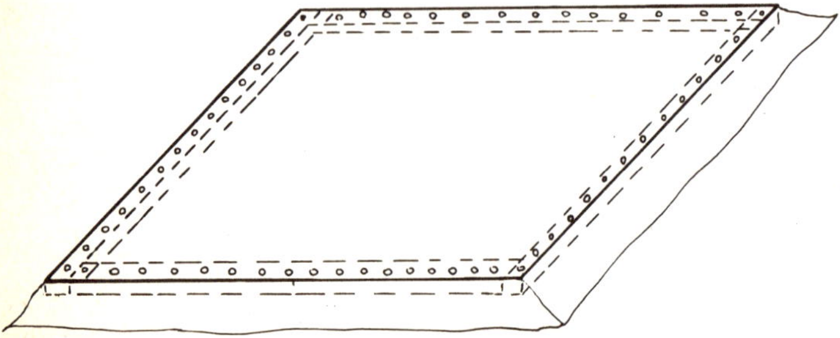

Für Stoffmalerei eignet sich ein Batikrahmen, er sorgt dafür, daß der Stoff nicht auf dem Untergrund aufliegt

Stoffmalerei kann auch von Kindern praktiziert werden. Zu Hause oder zu mehreren in einer Gruppe

Die Zeichnung oben zeigt eine Negativschablone, das Motiv ist ausgeschnitten, der Untergrund bleibt. Unten eine Positivschablone, das Motiv steht frei

den Stoff gelegt; auf der Rückseite der Zeichnung werden die Linien mit einem spitzen Gegenstand nachgezogen, so daß sie sich auf den Stoff übertragen. Gemalt wird mit Stoffmalfarben. Vor Arbeitsbeginn sollten genau die Gebrauchsanweisungen, die den Packungen beiliegen, studiert werden.
Die Technik der Stoffmalerei läßt einen breiten Raum für kreative Entfaltung zu. Von feinen Konturenzeichnungen bis zu großzügiger abstrakter Malerei kann alles mit Pinsel und Farbe auf Stoff realisiert werden.

Schablonieren

Als Material für die Schablonen eignet sich am besten festes durchsichtiges Kunststoffmaterial, wie man es von Heftmappen für den Bürobedarf kennt. Daraus schneidet man sich ein Motiv. Mit einem festen, dicken und kurzen Borstenpinsel wird nun die freie Fläche um oder in der Schablone mit Stoffmalfarbe ausgefüllt. Am besten eignen sich Negativschablonen, wie sie die nebenstehende Zeichnung zeigt. Mit ihr kann man gute ornamentale Anordnungen wählen und hat die Möglichkeit, die Schablonen sauber mit Farbe zu bestreichen.

Einiges über Farbe

Die wissenschaftlichen Farbenlehren ordnen die Farben in Systeme ein. Sie beschäftigen sich theoretisch und physikalisch mit dem Phänomen der Farbe und ihren Erscheinungsformen. Diese Farbsysteme helfen dem Laien jedoch nicht, wenn es darum geht, Farben praktisch anzuwenden und in Kreativität umzusetzen.
Farben haben heute vor allem praktische Bedeutung: Rot heißt, daß man anhalten muß, Grün dagegen freie Fahrt. Gelbe Schulranzen schützen Schulanfänger im Verkehr. Sekten schreiben ihren Mitgliedern Farben für die Kleidung vor, und zweimal im Jahr gibt es neue Modefarben.
In der Volkskunst hatten Farben sehr verschiedene Bedeutung: Rot war das Leben und die Liebe, Gelb der Geiz und die Eifersucht, Blau das Unendliche, Himmlische.
Heute ist Gelb die Farbe der Post und Rot die Farbe der Kommunisten und der Feuerwehr, Schwarz für die Frommen und Blau für die Heilsarmee und alles, was mit Seefahrt und Alkohol zu tun hat ...
Das alles sind Wahrnehmungen und Assoziationen von Farben, die uns die Umgebung von Kind an vorgeschrieben hat. Wie soll man da ein eigenes Verhältnis, eine eigene Beziehung zur Farbe bekommen? Wie soll man zu Vorlieben und Abneigungen finden oder Gruppen von Farben zusammenstellen, die eine Stimmung oder eine Situation wiederzugeben vermögen? Wie soll man Farbzusammenstellungen geschmacklich beurteilen lernen?
Das Leben um uns ist voller Farbe; eine Welt ohne Farbe wäre tot. Fast jede künstlerische Gestaltung lebt von der Beziehung der Farben zueinander und der Spannung zwischen den Farbfeldern. Ohne Spannung ist der Regenbogen – eine einzigartige, harmonische Zusammenstellung feinster Tonwerte und Sinnbild des Friedens. Die Wahrnehmung von Farben ist subjektiv, das heißt, jeder Mensch nimmt bei der Betrachtung von Farben je nach Stimmung und Beleuchtung andere Eindrücke wahr. Deshalb ist es auch schwierig, die Farbskala beispielsweise in »warme« und »kalte«

Ein Wandbehang fürs Kinderzimmer, mit Kartoffelstempeln bedruckt

Farben einzuteilen. Grundsätzlich zählen jedoch diejenigen Töne, die im Farbkreis zwischen Gelb und Rot liegen, zu den warmen, diejenigen, die zwischen grünlichem Gelb und rötlichem Violett liegen, dagegen zu den kühleren Farbtönen. Gelb ist innerhalb dieser Kalt-Warm-Skala neutral.

Das Selberfärben von Textilien ist eine Möglichkeit, die heutige Beziehungslosigkeit der Menschen zu den Farben zu verbessern, die Farben bewußter einzusetzen und sie nach eigenem Geschmack zu kombinieren. Muster auf Stoff zu drucken heißt, sich mit dem Grundproblem von Flächengestaltung und Ornamentik auseinanderzusetzen.

Eine gute Übung ist auch, Wolle in Strängen mit mehreren Farbtönen übereinander zu färben. Dazu setzt man drei Färbebäder an: Rot, Gelb und Blau. Man färbt mit einer der drei Farben gleich mehrere Stränge ein. Diese gefärbten Stränge werden dann in den anderen Färbebädern mehrmals übereinandergefärbt.

Solche Farbspielereien sind nur mit chemischen Farben möglich, weil diese leicht zu handhaben sind. Eine weitere Möglichkeit ist, nur ein Bad in einer Farbe anzusetzen, aber durch unterschiedliche Eintauchzeiten verschiedene Farbabstufungen zu erzielen. Es gibt in der Farbskala hellere und dunklere Farben. Weiß und Schwarz sind die stärksten Kontraste. Gelb ist heller als Orange, Rot heller

als Braun, wobei ein Dunkelrot wieder dunkler sein kann als ein Hellbraun. Es lohnt sich, solche Überlegungen anzustellen und eine Farbskala zu färben, mit der man dann weben, stricken oder häkeln kann.
Es gibt die drei Grundfarben: Gelb, Rot und Blau. Man nennt sie auch Farben erster Ordnung oder Primärfarben. Mischt man zwei Grundfarben oder färbt sie übereinander, so erhält man Farben zweiter Ordnung oder Sekundärfarben.

Ausgangsfarben	Mischfarbe
Gelb + Rot	Orange
Rot + Blau	Violett
Blau + Gelb	Grün

Farben dritter Ordnung oder Tertiärfarben werden aus jeweils zwei Sekundärfarben gemischt oder übereinandergefärbt.

Ausgangsfarben	Mischfarbe
Grün + Orange	Gelbbraun
Violett + Orange	Rotbraun
Grün + Violett	Blaubraun

Als Komplementärfarben bezeichnet man diejenigen Farben, die sich extrem gegensätzlich sind.
Rot und Grün
Blau und Orange
Gelb und Violett
Werden Kompelementärfarben nebeneinander verwendet, so steigern sie sich zur höchsten Leuchtkraft. Mischt man sie oder überfärbt man Farbtöne gleicher Intensität, so ergibt sich ein dunkles, neutrales Grau.

Literaturverzeichnis

Bächi-Nussbaumer, So färbt man mit Pflanzen, Bern 1976.
Bolliger, Arthur, Ein Beitrag zur Entwicklung des europäischen Textildrucks, Wien 1950.
Goethe, Geschichte der Farbenlehre, München 1963.
Lauterburg, Lotti, Stoffdrucken, Bern 1959.
Nabholz-Kartaschoff, Batik, Basel 1971.
Ploss, Emil Ernst, Ein Buch von alten Farben, München 1977.
Spränger, Emil, Grundlagen der Pflanzenfärberei auf Wolle, Zürich 1969.
Sandtner, Helga, Textilfärben, Ravensburg.
Zechlin, Ruth, Werkbuch für Mädchen, Ravensburg 1975.

Empfehlenswerte Zeitschrift für textiles Werken
Textilkunst, Verlag M & H Schaper, Postfach 810669, Hannover

Bezugsquellennachweis

Natürliche Farbstoffe
Tal-Drogerie, Otto Schöner, Tal 69, 8 München 2

Schafwolle
Deutsche Wollverwertung, Neue Straße 74, 79 Ulm

Handkarden, Spinnkreisel, Spinnräder

HWG, Dr. Heinrich Papst & Walter Reuschel GmbH & Co KG, Postfach 2232, 5250 Engelskirchen (liefert auch weiße Wolle zum Färben)

Chemische Farben

DEKA Farben, 8025 Unterhaching, Kapellenstraße 18
DEKA Batikfarben Serie L
Batika Textil-Kaltfarbe
DEKA Permanent Stoffmalfarben
DEKA Bügelfarbe und Bügelstift
DEKA Linoldruckfarbe

DYLON, K 2 r International GmbH, D-7316 Köntgen
Dylon Universal
Dylon Cold
Dylon Wasch-Color
Dylon Entfärber

Brauns-Heitmann, Chemische Betriebe, 3530 Warburg/Westfalen
Simplicol Textil Echtfarbe noy-Entfärber

Pinsel für Stoffmalerei

da Vinci Künstlerpinselfabrik, Defet, G.-Adolf-Str. 33, 8500 Nürnberg, da Vinci nova

Register

Bildnachweis

Nationalmuseum München: Seite 17, 23.
Museum für Völkerkunde, München: Seite 10, 13.
Marianne Schwenk: Seite 52, 65, 66, 77, 83, 96, 123.
Museum für Völkerkunde, Wien: Seite 20.
Alle anderen Fotos stammen von Frank Niepel.
Zeichnungen: Sigrid Lukschanderl, Susanne Käss.